道与不道，首先牵涉正确与否，即所谓对或不对；其次关乎言说与否，也就是发声还是缄默。面对纷繁变幻的教育文化整体现象、部分假象或个别乱象，到底要心口如一还是王顾左右？不说干着急，憋着又难受；说出来不周全，得罪人更不好；反正说了也白说，权作没说过。只当一块石头落了地，碎不碎由它。除却当时响动的快意，或许心头还可舒爽一时。如此，还是说了吧……

道与不道

董云川◎著

云南出版集团
云南人民出版社

图书在版编目（CIP）数据

道与不道 / 董云川著. — 昆明：云南人民出版社，2016.8
ISBN 978-7-222-15053-9

Ⅰ. ①道… Ⅱ. ①董… Ⅲ. ①高等教育 – 研究 – 中国 Ⅳ. ①G649.2

中国版本图书馆CIP数据核字（2016）第190810号

出 品 人：刘大伟
项目策划：冯 琰
责任编辑：冯 琰
解彩群
装帧设计：马 滨
责任校对：李慧姗
责任印制：马文杰

道与不道
董云川 著

出版 云南出版集团 云南人民出版社
发行 云南人民出版社
社址 昆明市环城西路609号
邮编 650034
网址 www.ynpph.com.cn
E-mail ynrms@sina.com
开本 787mm×1092mm 1/16
印张 10.25
字数 180千
版次 2016年8月第1版第1次印刷
印刷 昆明富新春彩色印务有限公司
书号 ISBN 978-7-222-15053-9
定价 42.00元

如有图书质量及相关问题请与我社联系
审校部电话：0871-64164626 印制科电话：0871-64191534

道與不道

目录

道與不道

目录

兔

上篇

一目了然

庄周梦蝶，黑老兔也想。无奈一直梦不着。

一日白昼，居然入睡，梦见原野誓师大会。众生言之凿凿，志向高远，互表钦羡，一派繁荣气象。因会前小酌，酒壮兔胆，故小吐真言，称只想在有限的兔生中奔走于丛林间为生态和谐做一点点启蒙的活计。动物们闻言，先后发言批评帮助：

大象说：谁需要启蒙？狮子说：你以为我们不知道？老虎说：你懂个屁！乌鸦说：启不启蒙有啥子区别？牛说：为什么要启蒙？羊说：启蒙？我才不要呢！大白兔说：启蒙？我们比你懂。狐狸说：我不想说而已……鹰说：不自量力。猪说：那是过去的事情，如今没必要。马说：真是牛头不对马嘴。秃鹫说：不识时务的家伙。狼说：启蒙？哼哼。猫说：有没有专项经费？狗说：启蒙？带上我吧！熊说：启蒙？呵呵！鹦鹉说：启蒙？呸！

云间隐约飘来老聃的声音：不笑不足以为道。

陡然梦醒，不觉惊出一身冷汗！

可怜的人文学术

假如有一部人文巨著这样写成：由黑格尔牵头申报重大招标课题，尼采第一章，福柯第二章，罗素第三章，跨国研究团队再邀约东方代表奥修、中国专家胡适分别完成两个子课题，然后请某个国家领导人亲自题词出版。

假如有一部史诗这样铸就：由曹雪芹牵头组建联合攻关创作班子，惠特曼第一篇，李白第二篇，雪莱第三篇，印度泰戈尔断后完成终结篇，然后请联合国教科文组织领导人亲自作序发行。

假如有一部旷世交响乐这样谱曲：由贝多芬牵头延揽一流创新团队，莫扎特第一乐章，勃拉姆斯第二乐章，德沃夏克第三乐章，马勒第四乐章，然后请某大国文化部长亲自指挥演出。

结果将会如何？

众口一声：荒谬绝伦，绝不可能！

为什么？因为人文不是科学，艺术不是技术！前者无法采用科学的量化指标对思想要素的价值做分解、甄别或评判；而后者断不能倚靠技术的精准数据对创作表达的演绎方式和效果做选择、筛查或定调。这个道理似乎世人皆知，但是群众皆然，众人拾柴，行动屡屡反其道而趋之若鹜，以致蔚然成风。这种让人忍俊不禁又如鲠在喉的现象居然在不经意之间席卷了整个人文学术圈，致使人文学者们晕头转向、不辨东西，结果要么像无头苍蝇一样隔着玻璃咏叹窗外的广阔天地，徒劳牺牲；要么明辨时务积极献身于以上例举之全新人文学术研究范式，跻身俊杰。在滚滚向前的学术洪流之中，人文工作者也及时喊出了“一流”的口号，人文学术也要争先恐后，人文学科也要上档次、面向国际、做现代化建设改良，大家都热血沸腾，急不可耐。问题是我们该朝向哪里发力拼搏，才能够栖身于“一流”行列，而不致沦为二流、三流呢？

一流的人文世界长啥样，谁是一流的人文学者？如果不求善解，大家都自得其乐；一旦较真，势必疑兵疑阵、迷雾重重。首先，谁能够断言什么是“对”的诗，什么是“对”的画，什么是“对”的旋律？接下来，什么是“好”读的文字，什么是“好”看的构图，什么是“好”听的旋律？当这些基本问题都被回避搁置下来之后，更大的问题出现了——谁来认可追随，谁在袖手旁观，谁会捧场拥趸，谁肯前赴后继，谁又能指点迷津？

具体到高等教育层面，一流的人文学科何以甄别——是人手最多，项目最实，级别最高，课题最大，车马费最丰，笔墨纸砚最厚，装备最强，场地最阔绰，研究报告最受青睐，还是获奖成果最盛？当这一切都丰满俱足之后，所谓的学科平台到底会留住什么样的人才呢——是司马迁还是王羲之，是托马斯·摩尔还是维特根斯坦，是陶渊明还是陆放翁，是莫扎特还是瓦格纳，是朱熹还是王阳明，是梵高还是毕加索，是卢梭还是萨特，是王国维还是梁启超？如果学术历史上的旷世奇才都如唐太宗李世民所愿“尽入彀中”的话，人文成就的里程碑上居然还闪现过二十世纪的康有为、鲁迅或二十一世纪的王小波、莫言，无疑是个偶然的疏漏了。

纵观人文发展史，杰出的人文症候无非丰富的思想源泉、超凡脱俗的原创作品，以及奇才怪杰的创新举动！时至今日，一般而言，人文学术的直接动机分别源自于三个角度：其一，是工作考核的指标及其压力；其二，是丰厚奖金的回报及其动力；其三，是职场升迁的诱惑及其吸引力。无论承认与否，当下的许多人似乎都更愿意选择性地去接受看得见的驱动要素和影响因子。

其实，继续刨根问底的话，猎奇、好玩、刺激、过瘾、启蒙、救赎，才是人文学术进步发展的真正动机。而起心动念之后，孵化的机缘紧随而至。或者是茶道之安静，或者是酒道之豪气，或者是对众生的关切和悲悯，或者是心有戚戚并惺惺相惜，或者是志同道合与价值共振。种种机缘和合，孕育出人文风韵，继而实现流光溢彩、气干霄汉的灿烂局面。然而时过境迁，现在无疑已经进入了一个“茶道”广告盛行，但茶道本真匮乏的时代，品茶忽悠无非为了卖茶而已；与此同时，已然成为一个高声喧哗“酒道”，但了无酒道豪情的时代，借酒助兴无非为了协议成交而已！

那么，人文学术之“对”与“好”，以至于“精”与“妙”，又将如何表征呢？愚以为，人文，可以卓越，无法一流。以下词汇当属典型且绕不开的属性——卓尔不群、超凡脱俗、出类拔萃、异彩纷呈、个性张扬，但是问题接踵而至，不群者谁来慧识，脱俗者谁来加持，拔萃者何处避险，张扬者又何以双赢而全身？

人文之精妙绝伦，无论是诗歌文学，还是绘画音韵，断不能用静态的指标加以度量，也不能靠集体投票，概不能随意复制再造，更谈不上规模化建设。然而，即便如此，人文学术并非没有组合，只是不认可外力推动的组合；文化史实表明，“文人相轻”亦非常态，绝非必然。高山流水，知音相随，古今中外佳话连连。唯有创建良好的文化生境，人文学者及其学术生活才可以渐入佳境，达成相互欣赏、彼此塑造、美美与共、高山仰止、各美其美之境地！

基于这样的认识，接下来就有资格来议论人文学科繁荣的前提了。用通俗的话语表达，只要吃得饱饭、买得起笔墨、品得起茶、喝得起酒，灵感和思想就没有理由中止停息。有没有高端的课题立项支持其实并不是重点，而提升到理性层面，人文学术的发生发展，离不了开放的文教制度、自由的思想空间、多元的价值格局。开放贤明才有自主发展，空间足够才能左右驰骋，格局大气才会推陈出新。对学问的艰辛求索是学者的天职，而学问的天地舞台之创建却体现了政府的明智选择。学者的思辨求索有时候是孤独的，然而，如若有政府的理解包容，有社会民众的殷切期待，有主管部门的鼎力支持，个体的学术举动迟早会聚合成为整体推动文化繁荣和社会进步的力量。换句话说，学术思想的存在多元而并举，良性的学术学科生长环境却少不了健康的社会体制机制作为保障前提。

进一步辨析，人文的成就和功用无法用大小、方圆、古今、中外来简单界别，以学科的眼光来筛查评判一定绕不开三重逻辑：其一，是主客体视野及价值选择，亦即谁评判谁的问题；其二，是时间流逝的价值迁移，亦即何时做出判断的问题；其三，是空间位格的价值拓展，亦即体量大小与文化参照的问题。三重逻辑动态交互，共同作用于人文事业，无数史实可以证明之。而当下通行的做法看来却背离了方向，因而也就很难达成和谐的人文愿景。这也就是为什么今天的学校级别更高，学科规模更大，师资力量甚众，物质基础雄厚，科研成果扎堆，而人文成就依然轻薄的根本原因。杰出的人文学者或人文作品，实在是经不住换来换去的干部任期目标的切割，也经不起形似科学且同质化标准的打磨，更经不起学术圈内外既得利益者的评判。我相信，自然科学的成就常常出在前沿，而社会思想的成就往往出在边缘。皆因智慧往往由笃静而生，康德一生居住在小镇之中并不影响其仰望星空，庄子悠闲梦游一样写就千古奇文。人文学术，绝不会因为开了很多规格很高、规模很大的会议就可以实现繁荣，偶尔远离现代、逃离奢华、疏离闹市、亲近自然、贴近民间、接触市井未尝不是一件好事，也许正因为如此，才更有可能开启丰富多彩的创作源泉，挖掘到心灵的富矿。世界复杂多变，何为国际水平？何为国内先进？较之自然科学，人文学科也许更能够独树一帜、独辟蹊径，可以静心边缘，直达前沿。

人文学者当然肩负社会责任，必然需要勇敢担当。至少在以下三个层面上可以自省、自觉与自强：一是局内情，始终持守主体精神，心口同一，保持本土情怀；二是局外观，永远换位思维，置身事外，旁观清醒，具有国际视野；三是底气足，绝不光说不练，正人先正己，扎根田野枝繁叶茂，后台功夫了得。唯其如此，丰富多彩的个体研究必然汇聚为气势恢宏的整体思潮，从而开创繁荣健康的学科发展局面和风气。无论是谁，教师也好，画家也罢，音乐人、诗人抑或思想者，着笔之前，请先感动自己，以激情温润墨汁，才能描绘人文画卷、刻写惊天地泣鬼神的音符或文字。缺乏灵魂的人文研究有如行尸走肉，作品成堆无非垃圾一堆！

以上所论及的经典人文及其学科范畴，牵涉世俗文化现象却远非世俗文化所能够涵盖。但是，由于明确的回报悬在世人的眼前，丰厚的利益锁链缠绊着学者的心绪，世俗文化充斥当代社会生活的方方面面，以至于从二进制到二维码再到“互联网+一切”，似乎已经把人文的不确定性搞得十分确定了。至此，人文学术再向何方？我们不知所措！

“一席”网站第379位讲者坚果兄弟称：“在这个正确的社会专做各种错误的事情。”这句话说得真TMD精彩！我们正在做的事情不就是这样吗？

（2016年6月）

教育学，想说爱你不容易

各位同学、老师们，大家下午好！

不经意间，扩招的热浪如期蔓延至研究生教育的领域，于是，咱们研究院在新学年开始之际也呈现出从未有过的喧嚣和繁盛景象，研究新生们如潮水般涌入，使得原来持有个别化、精英标志的研究生教育陡然步入了规模化的“班级”时代。为此，“不觉又惊又喜，又悲又叹！”（《红楼梦》中林黛玉语）作为一个研究生导师，在诚心诚意欢迎新同学加盟教育学科专业的同时，我忽然杞人忧天起来——只怕今日在你们认真而好奇的眼神当中自然呈现出来的些许探究精神会在三年之后消失殆尽！于是乎，在为你们欣喜加油之余，一股强烈的责任意识流无端升腾起来！

而当我们准备进一步深入谈论到各位所选择的教育学科命运时，危机感尤其壮烈。仰视波澜壮阔、此起彼伏的教育改革现象，俯瞰学科领域内亦步亦趋、孜孜不倦的老师同学，根据过往的教研历史经验和自己的深切体察，我不得不说：教育学，想说爱你不容易！

为什么呢？

第一，教育学是“高尚之学”——够不着，高不可攀

沿着人类文明、文化的发展进程往回搜索，我们发现，高山仰止，那些引领古往今来芸芸众生的智者觉者们的脚步和历程无不与教育息息相关，先知先觉们横空出世，无不以教育众生的起心动念而肇始。许多哲学家本身就是教育家，许多思想家其实也是教育家，许多科学家最后还是归类于教育家，甚至有一些直接推动社会发展的政治家们也或多或少扮演着教育家的角色。从西方的苏格拉底、柏拉图，到罗素、杜威，从东方的释迦牟尼、孔子、朱熹，到蔡元培、胡适、南怀瑾——其行也似教育，其理也同教育！即便没有归入教育家行列，古今中外、浩瀚无边的丛林之学者至少都在很大程度上行使着“教育”之职。因此，从某种意义上说，“教育”一词既与知识、科学、文化、文明、智慧相关，更与觉悟、唤醒、推动、传承与创新相关。此类人等，在道家为布道者，在佛家为布施者，在穆斯林为先知者，在基督教为献身者，在课堂里为解惑者，在学术间为拓荒者，在社会上为引领者，何其高尚！

高尚之学高不可攀，学士、硕士、博士谁人能及，助教、讲师、教授谁能胜任？

第二，教育学是“平淡之学”——少惊喜，润物无声

放眼看去，教育学缺乏新闻学之新奇，没有经济学之利润，没有影视学多彩之像，没有文学之辞藻意境，也没有历史学之跌宕起伏，没有医学之神圣，没有农学之广阔，没有心理学之鲜活，当然也没有艺术学之绚丽，更不及广告创意学之挑战……教育学内容以及教育学方法路径始终步履蹒跚且迷雾重

重，基本上枯燥无味，入得其中，首先必须遭遇理性的瓶颈。教育现象是纷繁复杂的，而教育理论从来都是平淡冷静的，甚至文字表达都是缺少色彩的——好看的、作为准教育学读物的《爱弥儿》之类显然凤毛麟角，多数教育学教材以及著作读起来一定是要打瞌睡的，阅者不睡不足以证明其价值。这种让人读起来昏昏欲睡的功用一种是来自于纯理性的思辨，高深难测，另一种则是来自于内容的平淡，冗长流俗。莘莘学子的人生之路走到今天，基本的体验仍然是“受教育者”而非“教育者”。如何从单纯学生的角色转变为继续学习和研究“学习”的复合角色，从简单等待老师的教诲授予转变为对于教育授予方式的反省质疑，继而寻找更好的传习路径是大家将要面对的困难，更是绕不开的坎儿。希望你们当中的大多数不要半途而废，还未等得穿云破雾就胎死腹中！谁能够笑到最后，谁就会笑得最好，待到山花烂漫时，谁还在丛中笑？彼时，你们也才能够真正体会到“静心修身”“宁静致远”“心如止水”“于无声处听惊雷”“平淡是真”的大境界。

让我们拭目以待!

第三，教育学是“尴尬之学”——参不透，左右为难

亦可称“纠结之学”，当局者迷，旁观者更迷！理论学术之有用与无用之矛盾在教育学科领域体现得淋漓尽致。首先，极目四望，许多教育家往往不是教育学者。换言之，我们的学科专业直接指向教育本身，而研究教育本身的人似乎很少成为教育家。这难道是重“术”而轻“道”的结果吗？其次，当今的教育学上天无路，下地无门，现实与理想渐行渐远，理论探究遭遇制度屏障，“现代教育制度”的概念内涵在不经意间彻头彻尾演变为“现在教育制度”的事实存在。大量实证研究的推论与结果诉求主动与功利目标预设相勾结，狼狈为奸，“可行性”研究报告常常不得不写成“可批性”研究报告。教育事业生存与发展的游戏规则已为秃头上的虱子，尽人皆知。适者生存的逻辑已被教育系统上下左右贯彻执行，“集体无意识”成为史上最为主流的知识分子生活样态。厅长、局长、校长、处长们常常要求教研人员创新出招，但所支招数往往力不从心、遥不可及，抑或鞭长莫及、声东击西，因为现代学校的发展已经远离文化逻辑而心甘情愿臣服于、服务于行政逻辑和市场逻辑。不该合并的学校偏要合并，不该交叉的学科偏要交叉，不能布点的专业非要布点，不能够评审的项目非要评审，不能够排序的指标偏要排序，不能够考核的内容非要考核，凡此种种，不一而足。因此，深谙教育规律的研究者不得不运用并不熟悉的政治经济规则为教育决策者量身定做所谓教育改革的宏伟蓝图以及相应的实施方案，真真切切勉为其难了。现实中，作为“研究者”的教育学人与作为“干部”的校内外管理者，目标诉求不同，行动路径不同，的确很难殊途同归。识时务者为俊杰吗？非也！识时务者容易随波逐流，容易得近利而致远忧，迟早沦为“过客”，本质上容易违背教育长长的育人周期与痴痴的科学等待。“过客”之作为方式怎么会与理想者的作为所见略同呢？殊途是必然，同归是偶然！献身教育学科的同学们啊，对于教育这种润物无声、并不外显其功效的事业而言，只有理想，也许没有用，但是缺乏理想，肯定没有用！“无用之大用”的理想自东方的老庄、释迦，西方的尼采、海德格尔以来，时至现代化的今日，谁能明了？谁能兑现？布衣智慧者几近能及，贵族哲学家大概能辩，而沉溺于物化游戏的当下众生则大有可能背道而驰，遥不可及了！

我们执着地教育自己的学生要有理想，但是现实却不按照理想的规则出招；我们希望学生们练就实证的本领，但现实却很少接受严格实证的推论；我们引导学生探究教育真理，但教育发展史似乎总是与真理的轨迹擦肩而过；我们要求学生把握教育规律，但现实却很少在教育规律的层面上给予响应和共振；我们引导师生努力投入教育生活的情景，但教育生态其实更像是一场政治与经济拉扯的戏剧……

情形如此，理当如何？应当如何？又能如何呢？既然没有退路，与其蹉跎，不如精进，大家仍需一心向学，即便只是为了等待，即便成就的可能性尚在远方。

教育远未终结，同志仍需努力！

（教育学科研究生开学典礼致辞，原载《大学》2013年第9期）

画外之音

一切随缘！在微信时代，许多至理名言因为滥用而远离原初意义；马到功成！在功利偏执的时代，“速成”变成了众生的梦想当然大多最后都流于空想！——逾越孔子之“不惑”而近“知天命”之年的钟波加上三十载潜心雕琢的葡萄，水到渠成，浑然天象，“钟葡萄”不成品牌才怪！

执着的人在有意无意间成就了“不执着”的艺术精品！

我与钟波偶遇，相忘于江湖，起自于教育同仁之遇，然后是趣味相投之缘；他携葡萄入画，繁盛于春城，既有师门传承之巧，更有东西合璧之韵。

葡萄晶莹剔透，其自然生命却无法穿越季节，虽能日新而月异，却难免时过而枯萎，也逃不过衰败之周期。此即佛在弹指一挥间阐明的“无常”之理。而一旦跃入钟波的笔墨之间，四季皆无、年代无痕，墨香伴着蜜香，飞身入户，给无数有缘人带来勃勃生机和持久的灵秀之美；而如若无意间闯入知遇者的眼帘或心扉，则春天永驻，时空轮回，欢喜连连！

一次关于教育真谛的交流，结识了献身特殊教育事业的钟波，透过他平凡而神圣的教学活动和葡萄画作，居然成为必然的朋友。我常对自己的学生说：一切看似偶然的成功其实都是必然。后来发现在佛学智慧中早有类似表达：一切事物都是因缘和合的结果。正因为如此，钟波是唯一的，他的葡萄当然也是唯一的！

世事变迁，闲云野鹤稀奇，仙风道骨不现；利益纠结，闲情雅致无不沾染上“值与不值”的市场墨印；当代人什么都不缺，就是少了很多本真的艺术情调和脱俗的人文风范——因此，学画的人越来越多，喜欢画画的人越来越少；学琴的人越来越多，沉醉于抚琴的人越来越少；诗歌被短信替代，诗人寂寞，俗夫遍野。

葡萄无语、美术无声、观者有意、识者有心、应者有情、笔墨有信。欣赏钟波的葡萄画作偶有不辨东西之感——东方的水墨意境与西方的三维写实浑然一体，自然而然，岂止是一个“形似”所能描绘，又怎能是一个简单的“神似”所能够囊括其精。恍惚之间，真假莫辨，真作假时假亦真。此即《金刚经》所棒喝之“应无所住而生其心”；《道德经》辩驳之“反者，道之动也”。

真正的艺术是“忘我”的，传世的作品是空灵的，透过钟波作画的背影，沿着他的笔尖游走，观者可以用“感性”触摸到鲜活欲滴的葡萄粒，用“理性”辨析出葡萄藤蔓的延伸脉路，用“悟性”捕捉到万物生机的存在，最后通过一粒小小的葡萄籽，我们多少领略到些许“一沙一世界，一叶一菩提”的意蕴！

艺术真的好玩！

（为《春色涌动：钟波中国画作品展》作序，2014年8月）

“教”“育”与德行养成

教育与人的关系是微妙且复杂的，很难界定人之所以为人在多大程度上是“教”出来的，而另外的部分是“育”出来的，但人之所以为人，他对“活着”的境界追求在起初就有异于其他生命体。人不仅力求“活着”，而且力求“体面地活着”。教育作为一种纯粹人道的事业，其价值不仅在于维持个体的生命活动，也在于使个体生活得更有意义、更高尚。一个人的一生，从出生到老死，都在教育与被教育之间辗转。我们所获得的知识、经验、灵感甚至悟性贯穿了我们的一生。人以柔弱的形态降生于这个世界，需要抵抗自然、强健康体方能存续下来，而后便要不断地学习生活的技能，加减乘除为了盘算柴米油盐，字词作文为了沟通交流理解……每一阶段都有每一阶段的任务，每一阶段的教育也都有不同的指向性。人们往往在实现了生存的目标之后，便自然而然地指向于发展。德国存在主义哲学家雅斯贝尔斯认为，大学教育的目的是培养“全人”，为此，必须通过主体间平等地、自由敞亮地在“爱的斗争”中进行“精神交往”。教人以知识为本，育人以情境、情感为本。中国人常说“耳濡目染”“潜移默化”，说某个孩子身上的某种特质是某种独特环境“熏陶”的结果，这种作用方式其实源自于所谓的“气场”。这里所指的“气”，亦即育人的氛围与环境。在知识爆炸的今天，高等教育“教”的功能势必在一定程度上渐渐让位于“育”。

（一）教育交往

由于传统主客二元对立思辨哲学的内在缺憾与人对自身生存危机的反思，“交往”已成为当代中西方哲学视域中的一个焦点。日常意义上的交往在教育中是常见的，而哲学意义上的交往在教育中只是一个可能的范畴，其发生需要一定的条件，要考虑教育主体、教育客体、教育环境三种因素。教师与学生有了言语、眼神、情绪等外在交流，并不意味着双方实现了“交往”。有没有实现思想的碰撞、对话与理解才是判别交往发生的标准。交往的发生有助于教育“生存共同体”的建立，对教育而言具有本体论上的意义。

建立在主客二元对立传统哲学基础之上的教育观将教育视为按照一定的社会要求对受教育者的身心施加有目的、有计划的影响，以使受教育者发生预期变化的活动。人的可塑性在这一理解中被演化为人的可控制性、可改造性，教育发展成了教育者对受教育者的控制、训练、改造。这种教育中主体与客体之间的行为就是马克思所讲的生产性的行为，而不是交往性的行为。教育这种本来以人的发展完善为目的的活动被异化为一种生产活动。虽然现代教学论对“主客体关系”“主体性”议论繁多，但大都没有跳出“主一客”两极框架思维的局限。在这种改造思维的笼罩之下，教育主体与受教育主体无法真正地平等携手与面对，因而形成了主体之间的敌对状态。孔子谈到他与学生之间的关系时说：“不愤不启，不悱不发。举一隅不以三隅反，则不复也。”“愤”与“悱”便是启与发的前提、条件。“则不复也”就意味着交往未达成或失败。教育交往将传统的“二元对立”关系指向具有本体论意义的“生存共同体”的建立，将生命对话、情感交往、灵魂共鸣纳入了教育活动中，并以此作为判别的标准。

艾伦·布鲁姆在描写他的母校芝加哥大学时说道：“组成芝加哥大学的是一群仿哥特式的建筑物。它们指向一条路，这条路通向伟人会面的地方。这是一个最沉溺于实际生活的民族向沉思生活表达的敬意。由于这些殿堂被赋予了先知与圣人的精神，因而有别于其他的处所。如果不计其精神的话，这些殿堂具有与普通房舍相同的许多功能，然而由于信仰之故，它们至今还是圣殿。一旦信仰消逝，先哲与圣人传播的经典成为无稽之谈时，即使房舍中活动不断，圣殿也不再成其为殿堂了。它会因此而走向死亡，至多成为一种纪念碑，悠闲的游客将永远不会领略它的内在生命。”高等教育作为教育系统的神经末梢，完成着教育系统内“人之为人”的最后一步熏陶。知识本位的“教人”理念显然无法圆满完成高等教育的人才使命，打破“二元对立”的教育交往，以情感、生命、灵魂交流的教育交往才是高等教育人才培养的追求。

（二）内在养成

所谓“养成”，是指自觉培育德行，使德行成为自觉的意识、自身的习惯和自觉的要求。人的自立性是表征人与其自身之关系的规模，它是人的自我认同感、存在体验、自我价值感等诸种自我意识或小我主体意识的整合。从哲学角度看，人的主体性，就是人在彼此浸染中所默示出来的能动性、缔造性、自立性。“育人”理念要求创设协调、宽松、平易的教育情形，从而把学生培育成自立的、能动的社会主体。

普适性能力的形成是高等教育人才培养真正的追求，理性、自由、民主、公正，原则、思维、逻辑、情感。所有的教育内容、传授方式、培养手段都只是表象，背后实现的内化才是真正的功效所在。英国教育家洛克特别重视“数学”教学，他认为，数学教学的目的不在于使人们成为数学家，而在于通过数学教学来提高人们严密推理的能力。“教”仅提供知识本身，而“育”则提供了一种氛围、方式，更建立了一种“潜移默化”的关系。内在的养成不是一个“授—受”的过程，而是长期、不断内化的过程，是外界信息与自身经验不断整合、调整、发展的过程。“育”人理念所倡导提供的习染氛围，为自我教育创设了可能的环境。

大学教学具有专业性，培养的人必须具有与所受教育层次相当的专业知识和技能，但过度强调专业教育而忽视整体素质的提升，也导致了大学“知识人”“半人”形象的出现。二十世纪九十年代初人文精神、人文教育在我国高等教育中的“被呼唤”，就是对大学偏重“科学”精神，专注于培养“专门”人才的价值取向的修正。当今，通识教育和通识课程在世界各国高等教育中的大力推行，也反映了大学对“人的全面和谐发展”的关照，凸显了人道关怀。南怀瑾先生对中国传统教育评述如下：中国几千年来教育的目的，不是为了谋生，是教我们做一个人，家教是最重要的，然后才跟先生学习。人格教育、学问、修养是贯穿一生的。所以，除了政治、财富以外，还有独立不倚、卓尔不群的人格、品格修养，以为社会、人心的中流砥柱。大学之为大学，更在于它是培养和弘扬人的精神的摇篮，如果一所大学没有独特的科学精神、人文精神，就如同国无国魂、民无民志，就会丧失生命力，就不能称之为真正意义上的大学。大学正是有了它本身的历史、文化、担当、责任，才体现出了大学的生命潜在力、向心凝聚力，这些不以实体性质存在的精神与文化汇聚而成大学育人的生命保证。

（三）德行保存

但丁有言："道德常常能弥补智慧的缺陷，智慧却永远填补不了道德的空白。"现代学校教育"应试本位"的教学观、"知识本位"的课堂观、"分数本位"的评价观在某种意义上说，已然牵引教育误入了"不道德"甚至是"反道德"的歧途。那些名目繁多但换汤不换药的"高碳""高消耗"甚至"低效""负效"的培养模式，极大地削弱了鲜活的生命形式，不断恶化着师生的生存状态。这样的教育无论对于教育者、受教育者都是不人性、不道德的，它框定了"规范的人"，却折断了生命自然生长的枝芽。

教育要合乎道、至于德，以合乎道的途径，至于德之目标。据《说文解字》释："教"，上所施下所效也；"育"，养子使作善也。道德的标准则是：教人做人、使人向善、使人向上。而《道德经》注："道"即天道，自然规律；"德"即人德，人的行为准则。从事于道者同于道，德者同于德。一个人的教育力量是他全部人生力量的集中体现。因此，凸显出来的专业精神和专业能力其实根本上还是归结于一个人的文化底蕴和基本德行。高等教育作为培养"全人"的场所，要秉承道德的准则，遵循人的身心发展和教育教学规律，使学生在学习中体验到愉快和幸福，得到身、心、灵之全面发展。其中，大学课堂首先应成为最具活力与生气的场所，其间应充盈着思想、美感、道德，以及仁爱。然而现实的大学课堂却不免让人遗憾。课堂让学生在获得知识的同时还要让学生获得向善向上的情感体验和心灵感悟，让学生的思维发展、精神成长，这才是德行的诉求与归属。课堂的价值不在于教师教练什么，而是学生学到了什么、之后又悟到了什么。大学的历史底蕴、文化氛围、价值追求就是“悟性”所不可或缺的介质。每一所大学都有它独特的气质与精神，一个人在大学里学习四年、七年、八年、十年，时间冲刷之后留下来的气质与精神便是这所大学赠予每一位“到此”一游的人最好的礼物。学生在学习、感知、体验、领悟之后获得的生命经验才是自己的。悟了，就会内化为自己的一种素养；悟得多了，就能积累一种境界和高度；有了高度后，自然流露出阳光的心态，展现出积极的行动力，这也正是“德行”所应发掘、呈现出来的教育深层最厚重的力量。“养鱼养水，养树养根，养人养心。”简而言之，德行培育与养成的目的根本仍旧归于养心——养学生的心、养教师的心、养大学的心、养社会的心！

（原载《大学》学术版2011年第4期）

片段中永生

人的气场不一样，有的人使劲想撼动或控制他人，但往往出力很多，收效甚微；而有的人从未想影响或改变他人，但轻微举动，却如内功发作动人心魄。人的言语方式也不尽相同，有的人巧舌如簧，能言善道，然喧嚣之余，常常不得要领；而有的人沉默寡言，慎发议论，然一言既出，信马由缰，直入肺腑。涂又光先生显然属于后者。弟子今生有幸，能在擦肩而过的短暂学习机缘中亲自领受了来自涂又光先生当头的几许棒喝。

华工涂先生，一头银发、一身素装、一副始终挺得笔直的身板、一口浓郁的地方腔、一笔苍劲的书法，一般不发言，发言不一般！与先生交往如白驹过隙般的学问片断，竟成为我对大学高深学术威仪浓缩而稀有的记忆。

好老师显然是锋芒锐利的，唯有充足的底气方能够以“厉”治教——

“你认得几个字？”当我第一次听到涂先生用这句话训斥一些个自以为是的成年学生时，还是着实吓了一跳！在这个世俗圆融全面侵蚀学术沟通与交流方式的时代，这种表达如此直白而不顾情面，不知道被批评的人作何感受。作为学生的我侧立于现场，真真切切惊出一身冷汗。因为我们当下学子，扪心自问，其实统统都不认得多少字。更甚者尚有一例，大约在2000年的华工博士班课堂上，演讲中的涂先生突然激动起来，对一位已经具有副教授职称的在职生大喝："你给我出去！"因为他的窃窃私语影响到其他人听讲。记得当时所有人都屏住呼吸，课堂上静得连针掉在地上都能听得见。过了一会儿，先生调整情绪继续讲课，课间、课后就像什么事都未发生过，一样谈笑风生。他当时喝退了谁其实自己都记不得了。可见，先生是对事不对人的。这种苛责仅仅是一个维护课堂的信号，并不减损他对于学生的关怀和爱意。在这个缺少批评和否定的媚俗时代，在这个谁也不得罪谁的全面关系时代，还有多少人能够像涂先生一样具有铮铮铁骨，不怕得罪人去坚守学术准则呢？在学生答辩、老师评职、干部升迁的路径中，还有多少人能够秉持学术的事理法则去坚持质疑和批判呢？而一个缺少了否定和淘汰机制的学术社会又怎么会有持续的进步和发展呢？

好老师显然是严谨求实的，唯有博大的学养方能够以"律"为师——

"做学问刚到关山口呢（华工门外的地名，意指学问尚未入门）！"1995年，我在圆满通过硕士学位论文答辩的现场，先生调侃的这句话如当头一棒，注定伴我终身。迄今为止，虽然自己也不知不觉地从教近三十年了，每每获得点滴进步，得到师友同仁的褒誉赞许之余，这句话立即自动升腾于心，仰之弥高，顿时警觉起来——学问之途遥遥无期，走马观花之迹还远未达登堂入室之境！

"你不为官，总有人要为官。"每逢与先生谈及自己的人生选择，总是竭力表达向学之志而对官场、市场多少有点贬损之词。有鉴于此，先生宽厚地说出了这句话，提醒后生，人各有志，可以坚持自己的志向而不要轻易盘点他人的追求。他总是教导我们："政治、经济、文化各有其价值原子，力、利、理各为其用。"只言片语，近年来已然在弟子们的言行中渐渐长大，吾辈自当继续融会贯通，发扬光大。

好老师显然是慈悲为怀的，唯有深厚的人文胸襟方能够以"德"育人——

1999年冬，我请涂先生到云南边疆面授，昆明冬日，蓝天碧云，但温差极大。与课上悲愤击掌的激情形成鲜明反差，某日下课后，先生独自安静地坐在教学楼外晒太阳，背影倦怠，神情孤寂，伴着满头的银丝，远远看去，一抹霞光勾勒出一个普普通通的老爷子的身形，慈祥而平和。这个景象深深打动了一个前来听课的女教师，她悄悄指给我看，我亦感到莫名的震撼。远远望去，涂先生浑身上下透出一个慈悲老者的温润和暖意！

2004年前后，借涂先生来云南大学参加海峡两岸通识教育研讨会的机遇，我恭请先生给我们这个新兴的小团队留一点墨宝。先生称长期未动笔，但极愿意为我们的师生和研究院写几个字。时至今日，云南大学高教院研讨室依然高悬着先生亲笔书写的"学术自由，兼容并包"信条，资料室里挂着"日知月勿忘"的告诫，而本人办公桌后天天背靠滋养着的是"自然而然"的横幅。转眼八年，竟成绝笔！

其实，在别人眼里偏于严厉的涂先生，从来对我这个边疆小弟都是慈眉善目。每次短聚，先生总有警句醒醐灌顶，入我心得。近年来弟子文章中多有涂先生启迪传授痕迹，从“三的教育思辨”，到“口是心非的学术生态剖析”，再到“知道与体道之辨别”，乃至于“人文知识与人文精神之差异”等话题中的机锋交接，先生教导有意无意、处处深刻影响着后学的言行，许多论断已经持续传扬，播撒于更多的学校和受众之间。

先生放心，弟子将秉承师恩，继续在高等教育的滚滚洪流中理智前行。

（原载《湛江师院学报》2013年第2期）

“有而不在”的大学精神

大学依旧平庸，从精神意识到组织形态再到教学科研行为方式。所以本书就还有第三次再版的必要。

修订再版再也不敢找名师写序了。因为2004年拙作《论中国大学与政府和社会的关系》出版时，被张楚廷先生奚落了一回。他认为，首先，董云川其人绝不该找人写序而应自己作序；其次，他已经坚守了好几年不为别人写序的原则，如果为我写序就破了他的戒。但我心诚所至，他做了让步。

《找回大学精神》初版于1998年，修订再版于2001年，前两版分别由二十世纪下半叶高教界如雷贯耳的朱九思先生和九十年代以来为大学人文精神奔走呼号的杨叔子院士作了点睛之序。回头反省，当时真没有傍大腕儿的意思。无论是朱九思先生、杨叔子先生还是张楚廷先生，之所以请他们来为我的小书浪费一点笔墨，的确是因为书中所思所想所议所感最合适由他们来评说罢了。

我栖身大学但广泛接触社会其他行业，故有“教育者常常忙于教育别人而忘记了教育自己”的感慨。具有讽刺意味的是，这本探讨大学问题的书，非大学的读者群并不在少数。或许他们知道“学问是没有行业”的道理，从中可以找到些许不同行业共通的精神价值。

第三版还是追求真实而不追求完美，除了错字病句修正以外，继续保持“当时”的话语原形以为历史痕迹。跨度从十年延伸至十五年，增加了少许面向未来的思考，在时间段上两个世纪得以衔接。为充分节约读者时间并尽量不辱没读者的眼睛，本次修订既有新增思辨，更有剔除与删节，同时将平日里灵光乍现的“胡言乱语”分散发布于全书以为花絮（这些小文句回头看来煞是过瘾），再选附文人相“亲”的评论一篇，综合构成第三版。好玩而已。

回顾十五年间说话写作遣词造句也十分有趣。这一时段覆盖“八五”“九五”和“十五”，前面提到“七五”，后面规划“十一五”。其间，“规模、结构、质量、效益”等词汇不断闪现且被“强化”着；“改革、发展、创新、一流”等概念亦不停地变迁且被“深化”着；“精神、理念、观念、思想”等说法更是满天飞且“与时俱进”着。这些语汇构成了历史真相之一隅——某些词汇的内涵历经千年不变，某些话语却永无定论常变常新，而更多的概念终成过眼烟云，只可沦为席间谈笑之资。

大学精神真真实实是“有而不在”的。本书出版后引发了一些共鸣与争论，有论者希望能够清晰地描述出“大学精神”到底是什么东西。我至今认为非不能也，乃不必也，更不可也。因为“道，可道，非常道”，语言是世界的福音，同时也是歧义误会的源泉之一。禅曰，手指月亮，月亮不在手上，因而，文字表达真理，真理并不在文字上。大学精神本不是一个狭隘的具象。可以用英文表达，也可以用中文表达；可以用古语文描绘，也可以用现代文描绘；可以由张三阐述，也可以由李四阐述。任何语言都是狭义的，都是某国、某派、某人的理解，并没有哪一种界定敢于称为定论。任何博大精深的事物一经语言界定，即难免陷入盲人摸象之境地，虽便于复制转述、考试背诵，但总是掐头去尾，落入“局部”。这样说并不意味着大学精神就是空泛无边，虚无而不可知。能够肯定的是，大学是一种独特的社会组织，既然如此，就应该存在着自身与其他社会组织之间在目标价值、行为方式和意义追求等方面的不同。本体的差异注定了精神内核之不同。大学精神就是在冥冥之中导引我们前进的那个东西。那个东西是什么不一定说得清道得明，但是它的确存在，而且是不折不扣的真实的存在。我们只可以通过特征来把握它，比如“纯粹探究”以及“高级养成”；又比如“止于至善”以及“引领社会”；再比如“挑战权威”以及“批判与超越”……大学精神本源于文化，弥漫于校园，存在于学生、学者、学会及学术之间。迄今为止，我对大学的理解包括：出生证上有“文化”之烙印，血液中流动着“情感”，骨髓中深藏着“智慧”，思维中飘荡着“至理”，脑后还有一颗“怀疑与批判”的“反骨”，行为方式既有传承更有创新，举手投足无不体现“真情与学养”，开口闭口尽是“追问与探究”，既能“脱俗”更能“入世”，执意追求“品位与卓越”并借以直面社会的发展，其主角是学生、学者而非官僚与市侩……以上种种综合而成模糊、混沌、浑然一体的大学精神。

现代大学制度显然是大学精神在当代最适当的存在与依附载体。千禧年前后，一些有识之士开始关注、论证、期盼、呼唤现代大学制度，公认大学精神的衰微现象与现行制度疾患相关，迫切希望推进制度建设以促进中国当代高等教育的健康成长。本人浅涉其中，认准找回大学精神的主要前提正是尽快建立符合文化、教育和学术生长规律的现代大学制度。与此同时，一直以为自己在追随着学术前沿而感到飘飘然。但是，近日环顾四周，陡然发现越来越多的人，其中不乏先进者和探索者，更有保守者和僵化者，大家都在“述说”或“建设”着现代大学制度，因之而感到些许困惑沮丧。灰心迷惘之由非他，乃是因为“现代大学制度”这个在我眼中高雅的词语也同样摆脱不了失真的命运，其也像其他“口号”一样在传播宣扬之过程中迅速地落入俗套，逐渐走样变味，失却了本意。理智的学者们认为中国的大学制度离理想的大学制度尚有差距，现代大学制度在中国的实现尚待时日，仍需各界仁人志士付出艰辛的努力。同时，一些学校和探索者已经开始以积极的行动推动和牵引着制度变革的进程。这无疑是个好兆头。虽然，对现代大学制度的解释各有不同，自然也各有千秋。但令我不解的是，少数人甚至把现行高等教育体制的一切属性（包括优点、缺点以及即将要改革的或需要扭转的或根本就有问题的部分）均一一对应、理所当然、煞有介事地套入现代大学制度框架之中。呜呼！如若现代大学制度真像这些人所说的那样，大学精神也就不会淡漠流失了，当然也就不必费心找寻、自寻烦恼了。想来想去，原来他们所津津乐道的不是“现代大学制度”而是“现在大学制度”，于是豁然开朗，对他们的认识给予了充分的“理解”。

在我看来，精神附着于躯体，一种组织一旦失却了“精、气、神”，则难免沦为“有体无魂”（台湾黃俊杰先生语）的平庸的存在。至少，大学精神在方向上还是可以把握的，而这个“方向”正是本人奔走呼号的目的。“找回大学精神”一语自1998年呼出以来，已经影响、激发和唤起了许许多多的人，虽然至今仍无精准定义（以后当然也不会有）。这恰恰是本书的意义之所在。换言之，“找”的过程就是目的。

经常有领导关心董云川的成长，认为这厮是“不识抬举”之辈，他们希望我为高等教育做更多的事情，为我之不入流而惋惜。本人真心感激各级领导的关心。愚以为，作为一个真学者，鱼死网破也就罢了，怎奈分析来分析去，估计结局大体就是个“鱼死”而“网不破”，所以，只好独辟蹊径以独善其身，说说罢了。正因为如此，我常常对身边一些同仁挚友在体制圈内摸爬滚打、冲锋陷阵的行为由衷钦佩，而对于自己选择之任性和志向之短小而偶感自责。间或，还会担心在自己的演讲和作文中存有批判性而被人误认为是“消极之辈”。这种顾虑近日得以消除，一位很睿智的学者称：董云川是他遇到的许多人之中“最积极的人之一”，得此评价，终于心安理得。此兄窥见了我阳光明媚的本性。

我爱大学，爱得无可奈何。

（《找回大学精神》第三版自序，云南大学出版社2005年8月版）

寂寞者谈

2007年底的某一天，云都敲开我的办公室，递上他的论文《认识论视野里的教育主体间性：反思与质疑》。面对这个有些唐突却才气盈漾的年轻人，我动了琢玉之念。半年后，他如愿成了我门下的第二位博士生。一晃六年，昨天，他打电话来为本书，也就是他待出版的博士论文求序，我刚好准备打电话告诉他，师徒合作发表于《高等教育研究》2013年第6期的论文《两种课堂时间：教育行为与知识发生的时间性反思》已获《人大复印资料·教育学》全文转载。说来世间事皆有缘法：以一文而缘起种因，以一文而圆证功行。

并且上述两文牵涉内容，正透露了云都六年求学探路的一贯旨趣以及师徒联手还将深入摸索的一条冷僻途径：在哲学与教育学的边缘处做点思辨游戏并试图寻找生计。这种边缘性，不仅谶定了他的独特，也暗示了他的寂寞。叶落花开，年复一年，云大文津楼里研究生的身影大多急切而匆忙，这倒也符合这个年代的基调，但是云都有他的“持见”，也有他的定力，这一点便是他难能可贵之处。考博之时，他信誓旦旦要全职读书，我满心欢喜，却不料在刚考上博士之时，他立即“因缘时会，鸿运亨通”，同时考入仕途，小年轻‘官”至副处，一派远景。彼时，我心凉透！好在他不负预期，在“官博”参合、研究生教育饱受诟病的时代，他居然能够在工作之余笃定读书做成了“博官”，边读文件边读经书，终于成为我经常拿来教训师弟师妹的上好榜样。当此时也，多少师友为他骄傲自豪之际，却突然听说他折头转向，回到大学当起了教书匠。这些日子，不时听人论及云都，言表之间都是一副“此话怎讲”的讶异之色、“哀其不幸”的扼腕之态（尤其扼腕之人亦是大学教师）；唯有对云都治学之笃诚、求学之热切深有体认的寥寥数人如我等，才觉得“意料之外、情理之中”。此情此景，就像本人在二十年前毅然决然离心于干部岗位一样，是惊人之巧合还是命运的作弄，结果是弄得群情激奋一致为官为商的时代又多了一个不识时务的老师！在学而优则仕的时代（这个提法不妥，学而优则仕在中国历史上一直盛行不衰，大有超越起伏轮回之势），眼巴巴看着身边一个个潜力深厚的青年学者义无反顾地奔着副处、副厅岗位而去，心中切切实实为社稷高兴的同时，不免为学界唏嘘。当然，一个健康的社会需要不同的人构成，如若让喜欢经商的人去经商，能够当官的人去当官，热爱学术的人去做学术，则社会和谐，人心稳定。如若各自不能够安于本分，都有意无意、哭着喊着去从事“他人的事业”，势必矛盾丛生。更加有趣的是，以现实为镜，许多人都以为自己是鸿鹄齐天、志于翱翔，而别人多是燕雀而安于现状、不识时务。正因为如此，二十一世纪的中国教育界和学术界大概需要不断面对“我是谁”以及“我要到哪里去”的千年拷问。

无独有偶，近日又听另一位教授谈起，他门下的一个很有学术潜力的博士，终究放弃了大学教席，到某市政府谋了个副处级的高衔。两厢错落，余味良深。书斋寂寞，汝能持否？

云都的博士论文用力颇深，相关成果很有品相，其中多有篇章被权威期刊登载者。开题、预答辩而至答辩，对他的论文虽有不同流派之争辩，总体上还是一路被推为佳作。时隔两年，持续打磨修改，终于成书付梓出版，成就了一册具有学术探索意义的新作，名之曰《道德何以可教？》，2014年2月由东南大学出版社出版，值得祝贺！

本书致力于从方法上或知识社会学上证明道德教育的可能性，由此则需要把道德作为一种知识来看待。这样一来，西方道德认知主义的思想势必成为其立足的基底和绕不过的坐标。道德认知主义始于康德，达于哈贝马斯，而这两个人又是思想世界里引起议论极多的两位，如康德对休谟解道德学的反抗、自费希特至黑格尔对康德道德与现实二分法的竭力弥合、马克思对黑格尔的结构性超越、哈贝马斯对康德的批判性继承和突破、哈贝马斯与罗尔斯的道德确定性之争、哈贝马斯道德成长三阶段论对科尔伯格等心理学家的批判等等。这样一来，云都所选题材的视野就变得十分开阔；同时，对这一问题加以深度把握的艰难也自不待言。但是他很好地抓住了生成论这一切入点，从而实际上把哈贝马斯道德认知理论的大思路从康德线索切入了马克思线索，从而在传统形而上学与后现代虚无主义之间成功论证了哈贝马斯所可能开辟的第三条道路，这是这篇论文的峰回路转之处，也是其令人印象深刻的地方。

学术是寂寞的，所以偶遇同道，如见他乡故旧，实实是陶然欢欣。除去师生之谊，我与云都正有一种“我道不孤”的相遇感和相得感。正因为此，尽管读过很多导师给博士写的“序言”，最末一般都要落些“再登一楼”“前途大好”之类的话，我却只想对云都说：

此时还能遇见一个专心向学的小弟，着实令人高兴！

（为《道德何以可教？》作序，东南大学出版社2014年2月版）

相同的概念与不同的语义

2012年11月，应英国大使馆文化教育处的邀请，有幸随教育部教育发展中心团队到英国进行了相对深入的高等教育多样性专项考察，先后走访了五所不同类型风格的英国大学，它们分别加盟于英国“罗素集团”“百万加集团”“1994集团”以及“大学联盟集团”，还参加了一天以“高等教育多样性”为主题的研讨会，近距离接触并听到、看到Open University在教育公平方面的卓越贡献与外星系高科技研究的并行不悖；Harper Adams University College在农业专门化人才培养及前沿研究的专注与坚持；University of York古朴与现代交融的办学风格及卓有成效的学生创业中心；University of Warwick国际化的突破以及把莎士比亚戏剧与现代商业运作成功结合的巧妙尝试；University of Southampton作为世界百强名校之无处不在的科研品质……短短几天的考察获益良多，感受颇深，特将现场交流最有触动的几个关键词及相关联想记述如下，以为同仁批判共勉：

多样性

多样性是现代社会发展对大学教育提出的必然要求。教育多样性是客观存在的，并不以人的主观意志为转移。因为社会组织本身的特性以及在不同历史阶段上体现出来的特征无不具有多样性，而形态各异的社会组织当然需要多样性的人力资源保障才能得以维系发展，那么，大学作为人才培养与思想引领、科技创新的核心组织机构，自身必须选择差异化、多样性的存在方式才有利于寻找到适合自己的生态位。高等教育无法回避这种历史潮流，唯一的差别只在于主动接受还是被动接受。本次考察中几所英国大学所介绍的经验证明了我原先的判断：无论是否情愿，多样性是现代大学进步必然的选择。

然而，多样性局面的形成只有在系统层面才可能实现。也就是说，系统的多样性有赖于个体的差异化，只有具备不同特征的个体的集合才能够实现系统的多样。当一个国家的大学多姿多彩之时，这个国家的高等教育系统就一定是多样性的。换言之，多样性的教育理想格局取决于个体差异化的品质追求。

多样性既有形式上的多样性，又有内涵上的多样性。中国偏重于前者，而英国偏重于后者。经过近千年的现代大学制度演进变迁，英国大学已经在政府取向与社会市场之间确立了自己独特的文化组织法律地位，而不同院校差异化的学科、专业和发展策略即成为进一步走向卓越的当然选择。但中国高等教育的情况却大不相同，大学都是庞大教育管理体系中的基层单位，真实的状态可以描述为“多种形态一样化”！从表面上看，既有研究型大学也有教学型大学，还有占据了半壁江山的高等职业院校；既有“985”，有“211”，也有省属重点，同时不乏民办院校，但无论形态怎样，由于受制于高度统一的教育体制，因此，在生存与发展的竞争游戏中无不在本质上趋同于“高、大、全”的成长诉求。这种发展现实当然是由主导游戏规则和主体资源导向决定的。虽然现实来源于历史的流变，存在的就是合理的。但是，我们必须理智地看到，合理的存在（所谓符合国情）并不一定是最好的存在（符合大学生存逻辑）。中国大学整体上远离卓越就是明证。在这个问题上，中英两国表达概念相同，但内涵语义相异！所考察的这些大学，无论是在办学定位上的选择，还是在学科优势上的突围，抑或是在教学科研上的创新求异行为，更接近于社会需求与内在发展嫁接之独到选择，只能取其原则，不能复制。换言之，照搬无用。

进一步辨析，求同是生存的选择，而求异是发展的选择。作为教育个体的师生与作为组织群体的大学概莫能外。当个体孤立于群体之时，就有被排挤淘汰的危险，此时，趋同化成为生存之必然，而同流合污的潮流一旦形成，超越群体的个性化品质追求就会成为事物发展的必然。世界高等教育史证明了这一点。事物的发展总是在不同的阶段呈现出不同的样态，一般而论，分为初级、中级与高级三个阶段。初级阶段的特征是原始自我，中级阶段无不体现出从众取向，到了高级阶段则出现差异化选择。从初级到中级选择“趋同”是明智之举，而从中级至高级的超越，唯有“求异”能够导向新的生机，在这一阶段，多样性直接促进了卓越的表现！

支持服务

本次考察听到最多的字眼就是“支持服务”。英国大学中“支持服务”无处不在。从大学校长、副校长的经验介绍，到院长或行政助理的沟通话语，再到教学事务负责人、学生事务负责人、国际事务负责人乃至科研项目负责人的业绩表述，言语之间，自然流露，异曲同工，无不强调在现代大学体系中支持服务对于办学品质和效率的重要性和决定性影响力。在这一点上，我国领导人邓小平先生可谓高瞻远瞩，他曾经鲜明地指出：“管理就是服务”。只是遗憾这个景象在英国大学的实践中得到了细致推广和普遍映证！

这次考察的学校中，有的学校强调了现代教育技术对于教学的支持服务；有的学校强调了产学研一体对于应用科研的支持服务；有的学校则强调了管理机制对于组织运行的支持服务；有的学校强调了文化创意对于教育国际化的支持服务，各有千秋，不一而足。作为一个旁观者和学习者，我十分清楚地意识到这样一个事实：近年来，在越来越频繁的国际交流活动中，大家通过母语的交叉互译，再加上同一概念词汇在不同国家使用的语境、语义差别，我们作为领导或干部的校长、院长或者学科带头人在交往中所关心的问题焦点与发达国家作为学术资源整合者和服务者的校长、院长或者学科带头人所关心的问题焦点是有着微妙差异甚至有时候是大相径庭的！认识并把握这个基准，正是现代大学国际交流与合作的项目契机和生命源泉所在。

在应然的理想与实然的现实之中，不同文化背景的交流主体其实各有其纠结。这一点，需要在交流互动之际加以注意，而在寻找合作契机的时候，主体明晰，切实把握对方的真实需求才是合作决策的关键。否则，难免一方着力于教育产业的推进，另一方却误以为是教育品牌的延伸；一方其实在意文化渗透，另一方却以为志同道合；一方言行的动机在于教育内涵的责任担当，而另一方言行动机却在于干部任期业绩的责任担当；一方以为理所当然的教育准则，另一方却在实施时障碍重重……

所有的交流都是有益的，而所有的交流转化为合作项目的时候，都必须充分认识到语境之下是语义的差异，语义之下是教育形态的差异，教育形态之下是文化和历史渊源的差异。

从理论上辨析，“管理”一词其实由“管”与“理”整合而成，文化组织的管理艺术在于重“理”而轻“管”。只有理才能“理活”，而管只能“管住”。科恩和马奇（Cohen and March，1974）在对美国四十二所大学实证研究和思辨的基础上提出的经典论断指出：大学是“有组织的无政府”（organized anarchy）。有鉴于此，提高大学组织管理效能的关键正是“支持服务”。如若以此衡量对照，中国大学的“管”的概念过于强大，“理”的概念过于虚弱，中国高等教育的组织管理可谓壁垒森严，其结果就容易使得以教育科研为主轴运行逻辑的大学成为负重蹒跚的官僚组织。

进一步的讨论当然还有待于另文深入，一般而论，系统的支持服务在宏观意义上包括校内、校外两个层面；中观意义上的支持服务涉及教研服务系统和行政服务系统两个维度；而微观意义上的支持服务少不了硬件与软件等诸多条件。简而言之，全方位、灵活多样的支持服务是内部管理体制和当下运行机制的灵魂所在。中国大学在这个领域还有很长的路要走。

一臂之距

高等教育多样性格局的形成离不开教育体制机制以及社会发展历史与现实的环境作为前提条件，但由谁决定多样性的选择呢？不同的办学抉择动因源于主体还是客体，行动发自于主动还是被动？这才是问题的关键。这个问题牵涉政府与大学间的互动关系和相关作用方式。多样性的高等教育由多样性社会环境的包容与需求决定，而在多种社会关系之中，政府角色至关重要，位列第一。因为一个国家主流的大学教育发展方向基本上就是政府宏观管理取向调控的结果。换言之，成也萧何，败也萧何！

在本次中英高等教育多样性主题研讨会上，来自英国大学联盟集团的William Hammonds做了精辟的阐释，席间几位英国同仁反复强调了一句我们多次在文献中看到而在现场尤其让我大为触动的话，即政府对于大学的管控永远必须保持“一臂之距（an arm’s distance）”！

不同办学主体的差异化定位无不基于三个动因：一是政府政策的牵引；二是市场功利的牵引；三是教育者秉持价值的牵引。于是，多样性和差异化的品质诉求是在社会发展机制与政府制度规制之间不同办学主体博弈的产物。因此，在良性的社会文化发展生态中，要实现多样性的教育格局，政府作用的发挥只能够是“允许”而不是“规定”。换言之，多样性是“放”和“促”的结果，而不是“管”和“控”的结果。

进一步分析，自组织机制的形成是多样性高等教育发展的基础。一所大学就是一个自组织系统，其本身会对于社会发展状态产生自组织回应，或进或退，或左或右，或数量或质量，本无须外部操控。这个大学愿意发展单一学科，那个大学要综合化，这个大学试图与另一所大学合作办学，那个大学想独辟蹊径自成一体，各有其动因。如果一所大学误入歧途，远离了人才培养和科学研究的轨道，违背了社会的公平和正义，一般都是不恰当的资源配置体系惹的祸！资源导向哪里，大学的行动就会跟到哪里。然而，外部资源的获取直接与大学的学术自由息息相关，正如哈罗德·帕金所言：“当大学最自由时，它最缺乏资源；当它拥有最多资源时，却最不自由。”因此，其间存在着博弈——要眼前还是要长远，要精英还是要大众，要公平还是要效益，要做大还是要做强，要适应众生还是要引领众生？无不成为现代大学在决策天平上的砝码。最终，这个砝码是由大学自主选择的还是由外力胁迫的，成为决定大学发展品质的关键！

教育品质由大学自身的作为所决定，但大学的作为却深受所在国家高等教育制度的影响。一个国家高等教育发展的最大动因莫过于政府，但是不同政府对于高等教育的作用方式却是天壤之别的。明智的政府管教育，管公平，管调控，致力于培育出学校自主自立、优胜劣汰的文化生态；而不恰当的政府行为就是管学校、管人、管事，直至深入大学的每一个细胞管评奖、管项目、管上课、管学术……在这样的生态环境中，非本职的、与教育学术无关的间接消耗将成为大学生存与竞争的最大成本。

换个角度说，大学的社会公平责任与政府对于大学社会责任的调控，是通过“大系统”的机制平衡来实现的，并非直接指挥干预。比如，本次考察中University of Warwick的介绍人就提到，政府在同意提高学费标准的限制性条款中明确规定了学校必须承诺招收更多来自不同阶层家庭的学生以为前提。

大学的办学品质是所有国家高等教育体系共同的追求，效率与公平兼顾也是现代大学必须面对的发展责任，但责任与品质的共同保障无不来自于个体、组织、政府与社会各个方面。所以各适其位、角色明晰，平等互补、协调共进才是高等教育政策与制度设计的关键节点，其目的只有一个，就是各得其所！

结　语

当下，国际交流与合作蔚然成风，势不可挡。在高等教育领域，共通的教育文化理想是大学国际化的构成要素与根本动因。正因为文化组织本质上是相通的，因此，不同国度的高等教育交流才有了共通的话语平台和交流对接的合理性。不同的文化源流，如能够相互启示，则可以相辅相成！

然而，除了友谊的加深与信息、做法的相互了解之外，理性的审思亦须同步增强，否则，难免桌面喧嚣而事后冷场。在你来我往的交流互动过程中，表面概念之下的真实文化语义才是国际项目对接合作的关键节点。为此，东西方文化仍旧需要相互遥望，伺机对接，边界交汇之地往往存有多样性教育繁衍生长的肥沃土壤。

这次考察交流最深切的感受如果用一句话来说，就是：大家都做同样的事业，但一个组织能否安心地做事情是体制决定的；而能做到什么样的状态，能否成就卓越却是个体能力决定的。

（原载《高教发展与评估》2013年第1期）

学刊、学者、学品

一般而言，一份好的学术期刊，通过持续的努力搭建起个性化的学术平台，吸纳聚集一批志同道合的学者同仁，卧薪尝胆，假以时日，迟早可以成就一群甚至是一代有品质的学术社群，继而通过多元文字的碰撞与源远流长，最终就能够为实现某种独特的学术理想锦上添花。

然而，时至今日，这种单纯的办刊理想变成了天真的愚痴论断。学刊不知何时逐渐流变为秉持“学术”之名的世俗权杖，靠级别分为三六九等；学者变成了在学刊上靠字数记工分、凭等级拿奖金以晋职级的码字工；编辑们纠结于各种关系荐稿、名人应付来稿、无名小卒文字、写了也白写的文字以及众里寻他千百度的精品文字之间；主编们起初无不信心满满，但办刊宏愿落实于版面之后，则左右为难，无比困顿，劳心费神。既要追求品质，又要兼顾关系，既想独树一帜于内在品格，又不得不向外在评价指标低头，两全之策终归机关重重、陷阱多多。一来二往，虚幻成真，错觉变现，学品的坚守、学刊的生存、作者的创造精神以及目标读者群的聚集等办刊常识现如今已经变成了天大的问题。

于是，阅读者不再根据自己的兴趣偏好去寻觅那些与众不同的、有品位、与个性相契合的学刊，作者也渐渐不愿把自己的文字提交给那些本来平等而现在却被评价圈套分化于局外的杂志。极少有人自由挥洒文字描述自己的学术志趣和穷究学理的梦想，激情文字从此销匿于“严肃”“科学”的写作要求之下。现在很难想象刺头鲁迅的文章可以在哪一种刊物上发表，梁实秋的谐趣短文可以在哪一类核心期刊上呈现，当年不知名的华罗庚之演算会不会列为国家级课题而在相应核刊上露面，早年费孝通的社会调查报告或刘文典的庄学考证文字能不能跳脱边疆地方刊物而被国家级高大上的杂志垂青。千字文消失了，因为字数未达到所谓职称论文的数量要求，不拘一格的表述没有了，因为不符合所谓的学术论理规范；任何想象的、灵动的、假设的、超凡脱俗、出类拔萃的文字越来越少了，因为不确定是不是值得等待让时间去证明新理论的真伪。从此，文章的风采光泽大打折扣，极少有志趣相投的一群人会稳定执守于某种期刊，痴痴等待下一期付梓，争取在第一时间拿到，然后蜷缩于某个安静的角落，如饥似渴地阅读，养眼、入心、爱不释手。一元化的期刊评价标准削弱并且摧毁了多元化的学术思想园地，愁煞了整整一个时代两难的学术期刊操办者与百千万委曲求全的作者，兴盛了出版发行业，填充了阅览室的书架，却毁掉了一代学者学子对于学术阅读的兴趣！

体制化的所谓“项目”“基金”抑或“工程”之研究结果因为其连锁价值而挥发出不可撼动的马太效应，是故往往得到各级各类学刊的拥戴。这些被冠以“国家级”或者“省部级”课题的“成果”为了界别“校级”“自命题”等其他学问，还要附加越来越多的前缀以彰显其高大，比如“重点”“重大”“专项”“联合攻关”以及“协同创新”等等，而后缀就清爽干净得多，因为大多数研究课题的价值基本上是以刊物发表为终结标志的，后续价值无从考证，当然也无人问津。

就学术期刊的命运和生态环境而言，三六九等的等级划分与异彩纷呈的学术思想是在不一样的两个维度间铺陈的。前者纵向相差，后者横向有别；前者是体制格局，后者是学术丛林；前者与身份标识和含金量相关（版面费以及发表后连带的奖金），后者与个性品质和志趣性相关（作者读者迥异，各行其道、殊途同归于学术共同体）。

学者通过学刊追求学品，本属一段善缘。经由学者的善念、学刊的善行，继而结出学术的善果。然而，矛盾接踵而至了。学术期刊嘛，总是要研究问题的。第一，孰“真”孰“伪”就触及纯粹专门化的问题——作者说了算还是编辑说了算，同行说了算还是组织说了算？第二，什么样的选题才有价值呢——国家级课题还是省部级课题，地方化选题有用还是学校的学科建设指南有用，理论的无用与技术的实用如何权衡？第三，什么样的文章才是好文章呢——合群应景的文字最有可能大红大紫登堂入室，也有可能轻如浮云随风消散，孤独而小众的思想表述有可能成为引领未来的精神支柱也有可能一钱不值！第四，什么样的作者才受欢迎呢——名人大腕儿不用说，最好在教授称谓前后还有诸如“院士”“杰出人才”“博导”“校长”“学科带头人”等定语相加，如若不够，还有类似“首席”“特聘”“拔尖”“英才”等诸多形容词以为备选。而闲云野鹤天马行空的人文思想者、不入流的科学怪人以及一批又一批既无畏又无名的学术新秀，必须历经学术标准以外的种种非专业磨难，披荆斩棘才能够突出重围（幸运者会在青春的率性被打磨干净，想象力、创造意识尚未消耗殆尽之前被人关注）。第五，规范化对于思想的表达是促进还是遏制呢——人人高呼创新，却不知创新的本质是求异；规范标准是办刊的ABC，规范写作是作者的ABC，但是如果ABC成为奇思妙想的藩篱，成为学术趣味和探究精神的绊脚石，甚至各种文章论证的结果都不约而同地导向了ABC，似乎就荒谬绝伦，事与愿违了！研究范式固然重要，但问题本质及其突破才是第一位的，一旦影响因子、转载率、引用率、注释、参考文献等细节规定超越了论点独创性本身而成为刊物是否能够栖身"核心"行列的条件，自然就有人开始作假了。第六，人文与科学的融合与对撞不可避免——就学刊内涵而言，学科特色不仅宣示于刊名，表征于扉页，而且实实在在体现于刊载的每一篇论文之中。人文的色彩感是其精髓，科学的敬畏心是其本真，即便是学科交叉的论证也必然存在内在的激情关联，无论人文还是科学，好奇、志趣与敬畏充盈其间，刊物因此才富于生命的活力。

本人天真，曾受邀客串主编之职，妄想通过一份学刊创设一个"学者的精神家园"，五年努力执着，结局无果而终。而今，《高教发展与评估》十年一贯，个性坚守，业已在世俗体系和学术品格之间寻找到相对平衡的生存路径，难能可贵，值得称道！

加油！让学者先写真文字，形式位其二；让编辑先看真思想，体例位其二；让学刊只管真品格，市场位其二。如此，中华文风必振。

愚愿与贵刊同行！

（原载《高教发展与评估》2015年第6期）

生命力·色彩感·对话体

教育理应鲜活而富于生命！但是这个命题，或者说这个常识在今天却成为不是问题的大问题！今天的高等教育充斥着空话套话和官僚语气，弥漫着市场氛围，忙碌于资源线索，奔走于项目之间，遵循着行政逻辑，高悬着各级指标，穿梭着各种"先进"，长于知识短于文化，既无真理辩驳亦无诗情画意，天天都在召开会议，到处都在遴选干部，网络上游走着茫茫然的众生，课堂里播放着程式化的课件，除了考试之前的突击复习，少见伏案苦读的莘莘学子，必修课选逃，选修课必逃，有课尚且拴不住，没课当然不看书……

教育重在育而不在教，育者——熏也、陶也、辩驳也、质疑也、批评也，会着急流泪，会捶胸顿足，会反驳，会辩解……现在、而今、眼目下，情形却已大异！如若韩愈在世，于"道"、于"业"必将大"惑"！学问之途疑惑四起，专授功名机巧，背"道"而驰骋不已，如之奈何？

在杜威那里，教育过程就是教育的目的。在苏格拉底那里，未经审视的生活是不值得过的生活。这位布衣先哲不经意间运用的"产婆术"却成为后学思想的源泉。在柏拉图那里，"学园"论辩的风范衍化催生着理性的光芒和智慧。当下，中世纪以来备受争议的象牙塔时代已经逝去，而中世纪大学所坚守的象牙塔精神却在当代中国引发了争议。中国现代大学总体上从未构筑起象牙塔的壁垒，也就谈不上坚守或者放弃对于象牙塔精神的追求，因此，中国大学的问题并非像一些同志焦虑的那样远离社会，孤芳自赏。中国大学的症结恰恰是大学并非自我之存在，缺少独立品质和运行生长的自然生态，其实属于行政体制格局的基层单位、世俗社会之普通细胞和资源链上应受嗟来之食者，完全无异于社会其他组织，基本上处于自己是谁都没有搞清楚的状态。在这种情形之下，根本上缺乏孤芳自赏的权利，亦无资格奢谈“走出象牙塔”的问题。

“夫独学无友，则孤陋而寡闻。”本人作品《找回大学精神》在学界影响较广，迄今已先后四次再版（2011年11月第四版）。对于大学特质的独自寻觅难免形只影单，寂寞呼唤之余时而邀约师生同仁一起研磨辩论，几年下来居然议论方向已有二十余题，日前忽然动念，汇集成这本《寻找迷失的象牙塔》以为呼应，有意使其成为《找回大学精神》的姊妹篇，据此进一步激发更多的人来一起寻找大学真义，同时满足一下现实所欠缺的对于高深学术的心结——虽不能至，心向往之！

对话体的消失是思想消失的前兆，缺乏相互间的批评是人文退步的缩影，不见飞扬的文采是教育萎缩的标志——当代人文还有精神吗？教育还有情感吗？学问还有意义吗？在指标时代毕竟有一小撮人执着于身体力行非行政的、非市场的、非功利的话语方式和思想交锋，不多，稀奇，因而弥足珍贵。如果只有一种思想，大概也不能称之为思想，如果只有一种花开放，虽然繁盛，大概也不能称之为百花齐放。本书言论绝非个体声音，而是多个有差别的个体发出来的不同的声音，各不相同，又大体相同。相同之韵律源自责任心和对于高等教育的执着追求，不同之处在于切入方式、论辩机锋、深入程度，不一而足，不亦乐乎！其间，我只是那块引玉的砖头或者激起涟漪阵阵的石子。

大学精神与存在意义除了自己一个人黑灯瞎火地找，看来邀约同仁、集合师生煞有介事、打群架式地四散而寻也不失为一种选择，比较好玩一点儿。呼吁寻找的人多了，找回来的概率肯定更大些！

眼看着身边一批批弟子载着阳光四散而去，心中既喜亦悲，但无论滋味如何，总有“做教育真好”的功德感油然而生；而面对着学习成绩七前八后的弟子，跑得快的要纠偏，跑得慢的要加鞭，就有了“做教育真累”的责任感生发出来；四顾左右，发现学者教师大家都做同样的活计，却有人门庭若市，有人门可罗雀，于是知道了“做教育真难”之艺术感的差别！

作为研究生导师，我的功能定位就是主动凑上一个可以支撑学生前进的肩膀，间或架上一道摇摇晃晃的独木桥，让弟子们往来其间，各展风采，各显神通。我时常感叹敬仰那些民间段子的创作者以及在博客上生发言论的青年学生——发现“群众是真正的英雄”！赞许之余，立马担心起他们的未来——最怕的就是这一批批本来具有英雄本色的热血青年步入世俗之途后迅速蜕变为鹅卵石般的“大人”或者“别人”，一方面成熟了，同时有知而无识了！成为一个成熟的人以后，大都拥有职场经典形象：装模作样、眉头紧锁、拿腔作调、表情迟滞，如若憋不住要笑，大都十分勉强，即便皮笑了肉还是不笑——悲乎！

本书论坛对话参与师生五十人，先后发生于过去三年，议题涉及大学理想、学术生态、师生关系、学术伦理、教育质量、教育人生、科研困境、课堂教学、人才误区、心理健康、质量评估、教育危机、教育创新以及成长纠结等多个方面，旨在为刻板、程式化以及了无生机的当代中国高等教育（形式上其实相当热闹）提供一个鲜活的话语例证，随意汇集浓缩以构成时代高等教育的局部真相。

有朋友精辟地指出：历史与小说的最大差别在于——历史人物都是真的，事件有时却是假的；小说人物都是假的，但故事都是真实的。本书言论之发生，场景都是虚拟的，但所思所想都是真的！

命运坎坷的中国大学啊！话锋交接辨精义，众里寻他觅神迹！教育原本鲜活，并非刻板如今！近日又闻朋友明鉴：教育本质无非“整懂、懂整”四个字，先“整懂”，再“懂整”！我以为精辟之至并立即附和延展——不刻苦，则“整不懂”；不灵活，则“不懂整”；换言之，大凡“整不懂”的人往往是在求学问道过程中没有刻苦到位，于心于力均不够投入；大凡“不懂整”的人常常是在社会生活中难以找到知识转化和技能应用的契机或节点，于神于体难免少了些许灵悟。

2012，于我而言，虽已近“知天命”之数，但仍时刻显示顽童情态，唯有参加各种行政会议时表情显得庄严些（其实骨子里仍旧顽童）。最近回想自己的名字由来及经历事项，不觉有点应验，好笑好耍。父母命名之初，无非云南四川整合基因是也。大约是在上一个本命年三十六岁前后有书法家欲赠字于我，其时正当脱离行政专心学术之转移期，于是将个人理想题写为“白云山川尽自然”一幅，似有些许出世豪情有待发作。前几日又遇见一位所谓知晓易数掐算的先生，开口解释为“云者，说也；川者，走也”，似乎有点道理，看来是名字决定了我四处演讲暂时还未被轰下台的运道。去年再逢48本命，又有陶艺大师要赠我原创作品一件，要我自己提名内容，当即随手写下“云游三界，川流心海”一偈，似梦似真。“云游”是性情使然，“三界”乃兼容心胸。上句是主观志向表达，落实与否无关紧要，下句是客观效果估量，“川流”就言过其实了，而别人的“心海”何其宽广，能够溜边就不错了。真是吹牛不打草稿啊！即便如此，还是奢望在庄子白驹过隙的一瞬以及释迦牟尼的呼吸之间，真可以在并肩学生、携手同仁以及结缘亲友心间留下滴水之润，也就此生无憾了!

反求诸己，于人于事，我一贯倡议师友并身体力行“不求完美，但拒绝平庸”之信条。而且，本人始终自认是个积极而乐观的人，同时也认定世界可以“享有”而不能“占有”。由于势单而力薄，所以心甘情愿明了世界的走向归属大概与己无关（当然会与其他一些韬略宏大的仁人志士相关），个人的一生只能做极有限的事情，大凡“有为”，其实非常“有限”。因此，就固执己见，坚持以短小志向为己任，只想静心象牙塔爬格子、写小字，间或评茶神聊一番，无论行文言语、行动追求，玩得尽兴，活得真实、自由足矣！此回翻腾整理笔谈及多篇对话文稿，神思几度迷离，复杂感受难以言状。斗转星移，物是人非，时间难以留住繁盛雍容的物质，唯有文字符号持续地迁徙漂移。字里行间，师生情态呼之欲出，无不显现论辩对话当初之言行生动、机锋灵动的记忆。

回眸教育现场，通观全篇言辞，既非风动，亦无幡动，已然心动！正可谓：

文化有通知，教育没精神
领导有讲话，学者少对话
科研有项目，成果少眉目
教学有名师，课堂缺大师
学术有基地，争鸣少阵地
论文有篇数，观点缺要素
刊物有核心，只是没耐心
四处有发言，世道少真言
上级有会议，师生没“会意”
大学拼院士，四处产“怨士”
……

漫天飞舞的文字之中始终飘荡着一句话：大学有消息，却没了故事！

（《寻找迷失的象牙塔》自序，人民出版社2012年9月版）

教育评估的边界理性

作为教育质量保障的有效手段，教育评估的功用毋庸置疑，成绩已为世人瞩目，而且随着现代教育规模的不断扩大，其不可替代的促进及约束效应也同步彰显。由于诸多主客观时空因素的存在，“教育评估中国模式”也正在逐步调适形成中，一方面，随着教育宏观管理改革的深入，教育评估不得不与时俱进，兼收吸纳国际上行之有效的方式方法；另一方面，单一政府主导的教育评估体系也逐渐松动，至少在意愿和政策导向上，第三方社会力量的介入出现了空间。但是事实上，本应由第三方社会力量承载的责任还是过多地由政府直接、间接地担当了。因此，凡是由政府指派或是由政府委托专司教育质量评估的组织近年来地位迅速提升，获得了院校青睐，也正因为拥有特别殊胜的话语权，所以形成了在国际通行的教育规则之外与众不同、需要正视反省的角色及功能问题。在教育评估日益成为院校行为的导向标和教育行为的评判尺度、越来越引起各方关注的情形下，理性的作用方式才成为一个问题理应由评估者自己提出来加以辨析讨论。愚以为，自己检讨责任总比被别人说三道四更为主动。

就人类生长环境而言，二三十摄氏度为最佳，高至四十余摄氏度，低至零摄氏度大概也能够存活，再往上下延伸的话，生命就会有危险！就文化教育发展而言，因地制宜、因时而异的政策导向及其评判标准是生存发展的杠杆，低于此，则资源匮乏，难以为继；高于此，则如鱼得水，尽享马太效应。问题是谁来评判符合时代以及超越时代的院校和专业行为？谁来评判较时代先行一步的哥白尼、布鲁诺、爱因斯坦？作为教育者，由谁来评判王国维、罗素、杜威、陈独秀？作为教育的结果，谁来评判王小波、比尔·盖茨、陈丹青、韩寒现象？作为一流大学，由谁指认哈佛、耶鲁、牛津、剑桥？作为本身对教育理论有贡献的思想家，谁来评判培根、卢梭和斯宾塞的言行与其理论的相关度?

万物有度，过犹不及！一切事物的优劣判断无不与“度”相关！而适度的关键就在于对事物边界的把握。适度则有益，过之或不及均为有害。王小波认为：“在人类的一切智能活动里，没有比做价值判断更简单的事了……倘若对自己做价值判断，还要付出一些代价；对别人做价值判断，那就太简单、太舒服了。”正因为如此，教育评估者对于评估行为的理性自觉，成为教育评估可持续发展的关键。

教育是灵动的——文化行为与教育活动的边界

当人们从外部去观照文化现象的衍生或者一所学校的教育活动之时，不难发现，这是一种超级复杂的社会活动，其组织形态永远处在混沌与有序之间震荡发展。当其彻底稳定之时，创造活力和灵性就逐步丧失；而当其动荡变化，则有可能生机勃勃也有可能误入歧途。简言之，多样性、复杂性、动态性以及不可复制性正是作为文化组织的学校，特别是大学的真实存在方式。

面对中国教育前所未有的规模成就以及人们对教育越来越多的质量存疑，我们不得不从更深的角度进行反思。教育组织并非像人们所想象的那样，拥有所谓清晰的目标，技术线路明晰，程序规范，每一问题与答案间都存在唯一的适切联系。真实的情形往往出人预料之外。在美国学者马奇（March，1974）的理论视角下，教育组织的无序远甚于有序，人员、机构间的联系松散，但并不影响其有效的教育行为以及创新学术活动。韦克（Karl E. Weick）把这类组织称之为“松散结合的系统”（Loosely Coupled System），而科恩（Cohen，M. D.）、马奇和奥尔森（Olsen J.G.）则把这类组织的存在状态称为“有组织的无序状态”（organized anarchy）。无疑，这是迄今为止对于文化组织和学校形象的最经典描述。

学校作为“有组织的无序状态”存在，具有三个特点：其一，目标的模棱两可性。办学目标是一些变化概念的松散集合，而不是一个具有一致性的完整教育哲学体系。不能对这个目标给出清晰的定义，也不能对它的实现程度进行纯客观的评价。比如“素质教育”“全面发展”或者“世界一流大学”等。其二，技术的不确定性。教学过程中的哪些指标促进了学生的变化，哪些指标没有参与并发挥作用，对于这一点是不清楚的。教育条件的输入和教育成果的产出之间存在一个“黑箱”，因此，技术的选择往往是建立在不断摸索、参考以往经验、模仿他人做法和根据需要进行创造的基础之上。其三，参与者是流动的。相关教育事件的决策由同样一群人进行的情况是极少见的。师生们对于组织活动的参与并不固定，他们对于某一个特定事件的参与程度，在很大程度上与其他活动在同一时间引起他们兴趣的概率有关。

社会组织千差万别，但无外乎分属政治、经济和文化三大领域。作为文化组织的学校专司教育，履行人才培养、学术研究和社会服务等职责。一方面，学校与政府和其他社会组织发生关系，具有政治属性和经济属性，要为国家社会的进步服务，务必用好每一份教育资源。另一方面，学校的职能是通过教育行为落实兑现的，其中牵涉到人、财、物以及管理、教学、科研等多个领域。学校俨然是个小社会、小宇宙，一旦运转起来，一切皆在变化之中。可以引导、可以推动，但无法绝对操控。换言之，被操控的学校绝不会成为好学校！学校的种种变化符合文化文明的发展轨迹，则教育充满生机，人才辈出、思想繁盛；这种变化如若背离文化文明的发展轨迹，则学校乱象丛生，教育异化、人才平庸、学术受阻。

为什么会这样呢？就因为学校组织本身拥有“自组织机制”，其系统的组成单元是半自主的，可以在不影响其他单元的情况下，对环境中的变化做出及时的回应。在教育系统的发展过程中，由确定性可以产生随机性，由简单规则可以产生无序，正是由于在这种“规则”所“确定”的范围之外又产生了新的非支配性，才使得教育活动更为丰富多彩。

文化行为与教育活动与其他社会活动确有本质的不同。比如在政治领域，以权力为依据，一切的功用评判显而易见——上行下效，令行禁止，胜者为王、败者为寇，识时务者为俊杰，听话就是好同志。又比如在经济领域，以利益为杠杆，利害得失一目了然——有奶便是娘，少投入多产出，时间就是金钱，撑死胆大的、饿死胆小的。而在文化教育领域，以真理为愿景，情况则大不相同——课堂都是相同的，而课堂里发生的事情永远不同；科学实验形式都是相同的，但实验结果常常不同；人文表达的形态是相同的，但思想的内涵永远不尽相同；教育过程都是相同的，但教育出来的人却各不相同。诗人和画家之好，有相同，更有不同；学者言行大都不会齐步走，坚持自己的、尊重别人的才是合理的态度。板凳坐得十年冷，三年两句得，一目十行，有知识无文化，有文件没精神，有口号无行动，有创新无逻辑，一切皆有可能，皆为合理。

多变的学术行为与相对不变的评估行为之间，异彩纷呈的教育行为与中规中矩的评估行为之间，形式的一元化与内容的多元化之间，收与放的艺术等等正是摆在教育评估系统面前的永恒矛盾。理性的教育评估行为正是在这个认识前提之下发挥作用的。无论是理科、工科还是文科，只要是教育，其运行逻辑相同。从面上考量，教育行为必须自主。只有自主，才能自立，继而自强也才成为可能。因此，来自外部的质量评判，无论是代表领导、代表专家，还是代表社会，都需要角色换位，理性抉择。

一所大学各要素之间普遍存在着大量的非线性作用机制。大学功用的发挥，绝不是构成大学的各个要素行为作用的简单相加，大学的各项工作，无不渗透着心理、情感、智力等精神因素，不论在质还是在量的方面，其组成要素之间都不可能用线性关系来描述和衡量。与此同时，中国大学长期处在高度的计划体制下，忽而游历于社会现实之外，忽而又堕入世俗漩涡，容易形成僵化的结构，维持着一种非此即彼、极其简单的有序状态。在新时期，复杂化的社会背景所催生的现代教育评估机制有助于打破大学僵化的平衡状态，驱使大学远离平衡。而一旦远离平衡，就可能出现自组织现象，大学也将会在适应外界环境变化的过程中，获得新的有序结构。正因为如此，当我们试图运用一种适用于其他社会组织评价评估的方式来甄别甚至规制教育行为以及学校活动之时，需要十分谨慎和小心，否则，难免事与愿违，反而帮了倒忙，不小心越界作为反而扼杀了教育的灵性。

教育评估介入的理性策略，就是力求把学校系统保持在复杂性阶段，保持在混沌的边缘，既不让它跌入混沌变成混乱，也不让它滑入秩序变成僵化死板。如果能做到这一点，那么，我们就能够永远保持住系统中的活力（也就是使系统进化的动力），而使系统不断地在自组织中变得更完善更美好。只有处于这两者之间不疏不密的适当地位上（保持在秩序与混乱中间的平衡），这个系统的作用者们才能在反馈与控制之网中调整自己，而同时又为创造、变化和对新情况的反馈留有充分的余地。此即学校与外部评估组织之间的关系所应追求的边界状态。

指标是相对的——评估技术与测量指标的边界

当我们踌躇满志地携带着复杂细致、自以为科学的指标体系深入教育内部进行观察评估的时候，务必清醒——指标是把双刃剑，既可促进教育发展，亦可成为教育发展的限制性框架和绊脚石。事实上，古今中外的名校、名师、好学科、新学术大概都不是对照既定指标建设的结果！

指标可以描述世界但绝不能组成或者构建世界，教育质量建设可以借鉴参考各种办学指标，但质量本身并非指标直接促成或者堆砌而成。指标只能解析部分现象，不能度量一切。反证可以，不能反推，名牌大学拥有某些指标，但拥有这些指标的大学不一定成为名牌。在学校“运行达标”的阶段，指标具有显著功效，而在学校“品质提升”的阶段，指标的运用要慎之又慎。事物发展总是从初级、经过中级、再到高级，在从初级存活到中级规范阶段，指标往往起到很大的促进作用，而从中级规范到高级飞跃的阶段，指标搞不好就会有遏制作用。

指标的泛化与异化所衍生出来的问题有时候比缺乏指标约束的问题更为严重，古今中外教育中的例证不胜枚举，需要加倍警觉！一旦指标亢奋起来，就难免流于绝对化的浅薄与谬误。如同展开角力的两只公牛，赛前各项指标测定大体相同，但战斗力绝对不同，胜负难料。要不然，棋盘对弈，棋子相同结局也就应该相同。以弱胜强、以小搏大、以一当十均属指标之漏判！这样分析下来，名称一点都不大气的“马萨诸塞州高等职业技术学校”（MIT）能够成为名校，“小米加步枪”能够打下江山，以及中国足球队在历经重点指标建设之后的品质表现也就不难解释了。

教育的目的在于教育自身，评估仅只是测量教育实现自身目的的手段之一。教育的意义存在于教育过程当中，这一点杜威早有明鉴。当下的教育评估活动虽然也力图关注过程，但往往还是只能以结果论优劣。由于教育本质上是成就自己的一种特殊活动，所以作为“他者”的评估只能有限介入，不能喧宾夺主。在教育和学校的运行轨迹中，主体与客体的关系亦不能错位，指标体系原本是测量工具，但一不小心就成了教育世界的主宰，主客体颠倒的结果就是学校会把大量的精力和财力用于满足指标所导向的功利活动而削弱正常的回应社会发展的自组织行为。另一方面，教育活动及其效能发挥更多是内在内隐的，能够被指标所捕捉到的外在现象只是冰山一角。进一步说，评估的主观诉求既有约束，更有促进，但如若行动越界，则约束的作用就会远远大于促进的作用，这一点，恰恰是评估组织者不愿意看到而事实上难以回避的结果。

人有五官，但有五官的不一定是人。五官的分布及敏感度以及相互间的协调性（自组织机制）才是决定运行状况“优劣”的关键。学校无不由人财物构成，但拥有相似人财物的学校可能各行其道，各有千秋。而这一点，恰恰是外部观察和评估所不能及的部分。

一所大学的教育活动千丝万缕，有形与无形裹挟其中。十余个一级学科、数百个专业学位点、上千名教师、近万门课程，数以万计的学生携带着不同的需求穿梭往来其间。仅在学校管理的中观层次上，教学与科研交错并行，文件里常常以教学为中心，评价时不得不以科研为标志。科学与人文各行其道，虽然自现代以来，狭义上的“科学”统领一切，甚至许多学校还在为“人文科学”而奔走，但涂又光先生一语中的：“科学不是人文，人文不是科学”；愚常说：自然科学的成就往往出在“前沿”，落后就被淘汰，而人文学问的成就往往出在“边缘”，过分趋同就会丧失文采风骨，所以，科学的逻辑是今天替代昨天，而人文的逻辑是古今中外相映成趣、交相辉映，群峰并举。学术逻辑与管理逻辑各不相同，民主、自由虽然常常被各级领导引用和混用，但真正的逻辑是“管理需要民主，学术需要自由”，并不可颠倒替换。而一旦面对同样的教育发展问题，学者与学官的诉求和解题途径也容易背道而驰，一方唯上，一方唯理，天壤之别。

什么样的指标体系才是科学的？更是天大的问题。正像托马斯·库恩（Thomas Kuhn）在其划时代的名著《科学革命的结构》中所言：观察本身并不是中性或客观的，用什么方法观察，在观察中注意什么，忽略什么，都深受观察者理论背景的影响。换句话说，观察充满理论的偏见（observation is theory-laden）。不仅观察依靠理论，事实也同样不能独立于理论。事实不仅需要由理论来进行描述，而且需要靠理论来发掘。一种新理论的诞生，往往发掘出无数被旧理论掩盖的事实。世界上没有绝对可靠的知识基础，不存在科学的最终权威。科学也好，理论也罢，都可能通向真理，也都可能妨碍通向真理。科学可以是个“好东西”，但被神化的科学却非常可能是个“坏东西”。

当今中国教育体征庞大，品质不尽理想是不争的事实，钱学森之问无非是个标志性的符号，实际情况其实严重得多。要寻找解决出路，各种意见莫衷一是，主要分歧集中于对教育创新不力的根源诊断上，一种认为是指标管理建设不到位，一种认为是大一统的办学指标对于活灵活现的教育产生了阻碍。如若引导有误，一旦沦为指标的奴隶，学校为指标而指标的倾向必然迅速蔓延，教育的矮化、浅化、弱化、虚化、外化和异化现象就会在“一等”“一流”和“又好又快”的呼号声中成为必然。

再好的指标都是相对静态的，而只要能够延续生长的教育活动统统都是动态的。鲜活的教育可以由刻板的指标描述出来，刻板的指标却万万复制不出鲜活的教育。哈耶克认为：人类的文明发展，无论是政治、经济、法律，还是文化、语言、风俗、习惯，都是一个自发的（spontaneous）自然的进化过程，而不是某个人或某些人理性设计的产物。当今社会发展需要科学的管理，而管理需要经费、工程、项目、基地、人才等指标综合构成，但是反推回来，经费+工程+项目+人才+设施+

基地≠管理。

当评估者们驾驭着似乎颠扑不破的办学评价指标去对一所学校的办学行为评头论足的时候，有没有考虑过在同一表征之下的学校传统、地域文化、个体特质等时间空间的差异。波普借助牛顿的故事引申出更多的思考，他说万有引力虽然可以说明“苹果掉地上”这一物理现象，却不足以说明“苹果在那天晚上掉在牛顿面前”这一社会现象。为了说明苹果掉在牛顿面前这个社会事件，除了万有引力，还必须有恰当的风速、风向、树枝的摇动、苹果的成熟度等等。如果继续剖析的话，我们看到波普其实只援引了除万有引力外其他必备的物理条件，还没有例举到其他必备的社会条件。譬如牛顿的工作习惯、时间安排，甚至家庭条件、人际关系等等。社会科学的复杂性就在于，所有上述因素，以及其他无数可观察和不可观察的因素，都会对结果起作用。正因为如此，我们才能看到许多超越当代指标设置标准的思想、学术成就和杰出人才层出不穷。而学校教育所产出的各种各样的成就，无论是人还是物，有的可以验证评估指标，有的甚至南辕北辙，即便如此，成果仍旧是客观事实。

所以说，指标的合理性永远是相对的，时空交错，变量无限。对与不对还需要取决于时空切入点的相对合理性。文化之特殊、教育之特性、学校之特质、学术之生命——综合体现在求异、求新、求变过程之中，指标难以穷尽！更进一步，教育是有生命的存在，指标是无生命的存在。无生命的指标终究是由有生命的人来操控的。因此，人为作用的边界也需要相应地辨别一番。

专家是变化的——组织者与评判者作为的边界

从评估者角度稍加自省，我们不得不承认：专家也是人，而人是最复杂易变的动物；专家还是有心人，而人心都是肉长的。加之在中国这个以人情著称的社会里，情、理、法的管理逻辑和交互关系从来就拎不清。远大理想先不必说，就是已经颁布了若干年的重大法规《高等教育法》，其中的自主权条款都还落实无望。院校评估之际，为了与组织者和进校评审专家沟通，有的学校甚至把关系行为延展至海外再转回大陆说情。许多带有完美理想的教育决策和貌似科学合理的政策出台之后，上有政策、下有对策，原则如此、因人而异的现象和做法极为普遍，人人视之为常态而理所当然、心安理得。由此生出的问题是，虽然主管部门反复强调要对专家加强管理，专家自己也愿意知难而进，对专家的培训和纪律要求也越来越严格，甚至规制专家在评估期间的饮食、起居、乘车标准，只差没有明文规定评估专家的行为也要从娃娃抓起了，但实行的情形众所周知，只能会心一笑了。此说并不意味着对专家的不恭，而仅仅是想理性地对专家在教育评估之中的作用边界做一点梳理讨论。

在现行的教育管理体制和教育资源配置机制格局之下，由于有形的物质资源和无形的政策资源大都来自于各级教育主管部门，所以类似在发达社会中教育质量保障由第三方担当的认同地位和品质形象尚未得以确立，教育评估的存在方式和作用方式要么由政府主管部门直接发挥，要么委托形式上分离但实际上仍同属一体的评估专业机构组织实施，在这样的体系中，被评估院校和教育对象之命运存续的对应方是无比清楚的，因此，被评估者必然集中大量的精力甚至是不遗余力地把“迎评”当作日常教育工作之外的另一件专案来部署安排，由于过多地专注于应对来自外部的判断，从而自觉不自觉地削弱了对教育内涵的建设和对社会需求的注意力。虽然这种倾向绝非评估者的本意，但还是普遍地发生了。

为什么呢？因为操作指标的专家们是可变的！这种变化并未出自学术的严谨严厉，更没有出自专家的邪念歹意，而恰恰出自专家对被评方的善意和通融。当今中国，致使学术与教育落入平庸境地的一个重要杀手就是学术界“集体无意识”，全面移植市井俗风，从而在几乎所有的专业化评审中都充满着“和气”、媚态以及暧昧。主要表现在于谁也不否定，谁也不反对，谁也不辩驳，谁也不坚持，谁掌握权力和资源谁就是相对真理的化身。这种情形在教育评估领域并不例外，自体制化的评估活动开展以来，疏离品质的中国当代高等学校却出乎预料地获得了普遍优秀的评价结论就是例证之一。环顾眼下，在评职称、评项目、评基地、评中心、评重点、评学位点乃至评奖评先进各种五花八门的检查评审中，许多专家发言一般都是从宏观上的肯定认可起言，然后提出三点原则看法，最后以“情况特殊”“情有可原”“情不自禁”“情非得已”“值得同情”“充分理解”“虽然条件不行，但要全力支持”“虽然质量不高，但要看到精神”“虽然存在问题，但不能求全责备”云云作为表态结语。此种评审言论致使的评审结果，常常出乎预料又在预料之中。愚以为，以上种种，均属于“善意出偏”之举。也就是说，圆满的质量评估设计往往以平衡平均的方式收场，而这种均衡背后的动因，从拥有表决权的专家角度看，可能源自对于院校教育工作发展性的判断，可能源自错综复杂的人情世故关联，可能源自对于主管部门导向意图的揣摩，也可能源自被温馨接待之后舒适的坦言，无论如何，“善意出偏”已经成为当前各种各样专家评审中不可忽视的一种倾向。否则，为什么会有“砖家误国”的偏激言论出现？为什么各种各样的“可行性”评审被人们戏称为“程序公正”的评审？而“可研报告”大都要弄清上级意图写成“可批报告”？为什么遭受普遍质疑的中国大学办学质量还能赢得如此多的“优良”评价？中国如此多的教授学者和千千万万学成的毕业生中为何鲜见钱老所呼唤的“杰出人才”？

谈到专家角色，陈翰圣先生援引后现代主义和后实证主义者的观点深刻地分析道：科学家是人，他们生活在一定的社会团体内，因此他们的思想方法和行为准则，无不带有这个团体的烙印，他们和任何人一样，观点受自己出身、教育、环境等背景影响。无论是自然科学家还是社会科学家，都无法逃脱这种影响。但是，在这个问题上，自然科学家和社会科学家又有根本的区别。天体物理学家研究行星，但他本身不是行星。相反，经济学家研究国民收入，他本身却是国民；政治学家观察选情，他本身就是选民。换句话说，自然科学家和社会科学家的不同在于：自然科学家不是自己研究对象的一分子，而社会科学家却是自己研究对象的一分子。自然科学家和社会科学家都会有偏见，但自然科学家的偏见主要来自理论的束缚，而社会科学家的偏见除了理论的束缚，因为他自己就是自己研究的对象，所以还必然受情感、是非、爱憎、伦理道德的影响。科学本来只研究“是什么”，不该过问“应该是什么”，而社会科学家却不可能完全避免“应该是什么”的命题。这样看来，许多问题就容易理解了。在当今中国的教育评审体系中，一位院校的掌门人绝对是一位称职合格的专家，他受教育主管部门委托派往另一所学校担任评委或者评审组组长，另一段机缘同时埋下。某年某月某一天，他所在的学校同样要接受另一所学校的掌门人所率领的评审组的评估。一位学科专家因为就职于某个名校，所以先决地拥有了评估其他同类学科的评审资格，由于被邀出评概率很高，所以很容易在五花八门的专业评审活动中成为院校沟通的主要对象而左右逢源，尽享尊贵。“山不转水转”，中国人深得此道。虽然在各级各类的评审过程中已经反复重申了“匿名”的原则，但是在中国的确难以落实到位，原因除了现代通信的发达、人情世故的渗透力、公关行为的厉害之外，更重要的症结在于，发达国家教育科研的评审制度是以国际化标准和全球专家作为选择依据的，较难以捕捉公关，或者说公关的成本高不可攀，于是成为真正的屏障；而中国是以自己的标准、熟悉的专家圈子作为选择依据的，因而“匿名”“回避”的屏障形同虚设。

为此，对教育质量评估者角色的合理性进行考辨是很有必要的。面对纷繁复杂的教育现象和院校行为，谁有资格对其进行评估和测量？谁能够进行适度而富有生命力的评估？谁又能确保对一个充满变数的教育学术行为进行评估判断时在主观上不会因人、因事、因地、因时、因私而出现偏差转移？面对千差万别的学科、学术、课堂、教学行为，在与专家自身专业学问狭义对应的学科领域，专家的权威作用相对会准确些，但也无法绝对，否则，就难以解释那些学科学术上领先的、拔尖的、创新的人才往往都是冲破本学科学阀的重重阻碍和羁绊才脱颖而出的。若非如此，对于与自己学科学术相关，甚至是无关的领域，专家更需要自觉自省，在行使评判表决权之时保持相当的理智。

简而言之，作为一个有边界的作用角色，评审专家理应把自己定位成为理解者、促进者、服务者、学习者、约束者和激励者的综合——人是万物之灵，可以变好，也可以变坏！一个好学者可能因为经常颐指气使地行使上级赋予的评估权力而变成一个学阀和学术的扼杀者！要恪守自性的清明，既靠自我约束，更需要制度规制。

作为理性的教育评估从业者，在评估行为发动之先，要有对教育、学术和学者的敬畏心；要有对文化多样性的包容心以及对个性创新事物的感应力；要有觉悟（指标并非万能，别把指标当令箭）；要有理智（在该作为的地方作为，在该收手的地方收手）。在教育情境之中，当无限的品质存在方式与有限的测量手段相遭遇的时候，需要内在自觉，外在制衡，个体理性而慎重地介入。如此，评估方和被评估方就能够相得益彰，和谐生长。与此同时，敏于事而慎于言，减少“善意出偏”，不要以偏概全，以免落人笑柄。

知其可为才为之，方为明智的专家、理智的举动。

结语：教育鲜活，指标有限，评估理性

中国人深知“识时务者为俊杰”，但从事物衍生发展的终极规律上看，适“度”者方为俊杰。本文以上言说，并未指向评估无用论。恰恰相反，理性的辨析只是为了使得原本旨在促进教育活动的评估行为始终保持在觉醒的状态，不断修正发展的步伐轨迹，从而导致可持续发展的圆满结果。对教育边界、指标边界和人为边界进行讨论的目的，意在通过和谐并举三合一的努力，促使评估体制机制的设置更加完善，更加趋近并遵循教育规律，在万物并举、教育繁盛的时候，更好地发挥积极有益的质量保障作用。

教育原本鲜活，并非刻板如今！针对“天不生仲尼，万古长如夜”的古训，王小波有相反的想法：“假如历史上曾有一位大智者，一下发现了一切新奇、一切有趣，发现了终极真理，根绝了一切发现的可能性，我就情愿到该智者以前的年代去生活。这是因为，假如这种终极真理已经被发现，人类所做的事就只剩下依据这种真理来做价值判断。从汉代以后到近代，中国人就是这么生活的。我对这样的生活一点都不喜欢。”由此想到，我们今天的评估人，既没能够发现终极真理，也就要非常谨慎地避免运用拿来的终极真理对他者的教育行为做随意的价值判断！最明智的做法是不断学习，有限使用测量指标，理智地运用评估权力。作为可持续发展的评估，需要有力度、有边界、有机缘、有技术，但更需要有艺术，从而“运用之妙，存乎一心”，最后才会有积极的效果。

一切的关键，决定于“度”的把握。

（原载《上海教育评估研究》2012年第1期）

什么是“对”的教育

这是一个常变常新的时代，有人戏称：“刚刚学会，又说不对；刚说不变，又下文件。”教育内部本来千变万化，穷尽毕生心力、殚精竭虑也未必能够弄清其间奥妙，如若再附加上教育外部无处不在的胁迫和利诱，势必使得那些以教育为主要生计的人们左右为难、无所适从、了无皈依。

这同时是一个碎片信息拼装起来的时代，中国人显然是手机信息港湾里执牛耳的那伙人，网友戏称：“据说每人平均每天摸一百五十次手机，我笑了，怎么可能？明明只摸一次，一次一天，睡醒拿起，睡前放下。”充斥方寸屏幕上的骇人标题每隔几分钟切割一次思维，使人们眼花缭乱、不辨真伪。

一直以为，教育行为就是这样的：隔三岔五开个大会、逢单逢双传达精神、三天两头检查评比，此起彼伏升等晋级，时刻慌忙于通关节与走关系之间，冷不丁还要像阿Q一样高喊几声“革命了！”新知识、新提法、新口号、新文件、新通知、新精神如春风般拂面不已，似雨露般滋润着教育生活的方方面面，周而复始，既定的流程，严格的规矩，共同的诉求，同质化的取向，扎堆的竞技。因为认定正确无误，所以始终没有存疑反诘。忽然有一天，终于看懂了《肖申克的救赎》，于是知晓，是“体制化”的结果成就了今天的教育现象以及适应这种教育体制游戏的干部、教师与学生。陡然觉察，教育本来不该如此热闹！在二十世纪上半叶的战乱之中，曾有人呐喊“华北之大，容不下一张书桌！”而到了二十一世纪，书桌华贵，书籍繁多，周边却缺少了许多安静的读书人。

作为首屈一指的教育大国，中国教育事业近些年的发展成就不胜枚举。然而，仍有两个端头的现象值得反思：其一，杰出科学人才及人文巨匠寥若晨星，与大国体量不相匹配，这一点可以通过诸多名人言论得以佐证。其二，在数以亿计的受教育者中普遍缺乏喜爱书、好读书的人，这一点可以从世界各国人均读书比率统计数据中得以明证。

穿云破雾，无论古今中外，好教育、好学校具有共通的核心特质，唯一少不了的正是安静，所谓“静生慧”是也。依老子之鉴，为道日损；依彼得·杜拉克之说，管理是简化的艺术；依佛陀教导，“俗谛”炫目而“真谛”无华。损而又损，简而至简，脱俗为真，于是恍然大悟——“对”的教育恰恰是简单而安静的教育。其间什么都可以缺，独独少不了教师和学生、学科与课程、教学与学术。

概言之，“对”的教育，政策保障“三安”，学校修炼“三品”，教师持守“三心”，教学追求“三境”。

首先，教育政策圈定“三安”保障——使得环境安静、个体安心、整体安定。然后才谈得到专心课堂教学，注重师生情谊，体会快乐研读，共享欣欣向荣。

其次，学校修炼“三品”格局——既谈“品质”建设，须知其上“品位”有所不同，再上还有“品格”之相异。品质无法孤立实现，离不开品格和品位两翼的协同。唯有三位一体，综合作用，教育质量方能稳步提升。独立的品格确立大学的格局，独到的品位体现大学的气质，独特的品质决定大学的实力。三品兼备，大学美哉。

再者，教师持守“三心”不变——对学生富于爱心，对岗位付出责任心，对学术充满敬畏心。如此，教育别人之前先教育自己，为人师表方得以落地兑现。

最后，教育的主体和重心其实贯穿于“上课”这个朴实无华的活动中，好好上课就是不折不扣“对”的教育。而如若进一步想把“对”的教育上升推演至“好”的教育，则每个教师每一堂课，均需要三重精进才能渐入佳境：第一步，认真精到，一丝不苟地呈现；第二步，热情贯穿，真心投入地身教；第三步，信仰感召，铺陈学科的探索途径。

一旦历经这样的课堂，学生将会成为什么样的人，依然无法确定，但我相信，多半会更加阳光积极！

年复一年，重点更迭，三年一高潮，五年易周期，十年大变样，三十载又轮回，亢奋始终，热闹非凡。经常变，就流于随变；随变，就难免浅薄。环顾四周，研究基本靠想、创新基本靠讲、满嘴跑火车的人已非个别。大家奋力前行，朝着一个共同的方向努力奔将过去，表现都很“不错”，但对照百年树人的事业和千秋养成的文化，仔细想想，似乎也“不对”呀！

教育，原本润物于无声，我就不信：难道真的找不到安安静静、首尾贯通、恒常不变、自然而然的发展策略？！

（2016年8月）

如果大学还有梦

入梦时节，我希望成为儿时心目中纯粹的文化人！身在课堂，远离各种各样嘈杂的会议；心在学术，不再纠结于五花八门的世相追逐。可以自在于华夏先哲庄子播种的大樗树下，“彷徨乎无为其侧，逍遥乎寝卧其下”。

——有梦就有希望！

梦想的最高价值不在于展现出的美好图景，而在于凝聚起人们向着光明前行的精神力量。因此，梦想的写意高于它的实体性存在。作为在中国当代社会博弈中左冲右突的文化组织，大学可以有梦吗？现代大学从悠长的历史岁月中走来，手捧中世纪赠予的“灿烂的花朵”，穿过“一个居住僧侣的村庄”，经过“一座由知识分子垄断的城镇”，来到“一座充满无穷变化的大都市”。一路上，大学在仰望星空的同时不断努力摆脱僵化的思维定式和孤傲的自负性格，持续开拓着“入世”的视野和服务与拯救社会的胸襟，与此同时，原有的高贵气质和独立品格也在逐渐式微，不断沾染上世俗和功利的尘埃，在眼前利益和工具理性的彷徨中迷失和踟蹰，与初始的理想目的地渐行渐远了。从这个意义上观照，高等教育的“中国梦”，并不是理想的重构，更谈不上创新，而仅仅是一项找回和唤醒的事业，是新一轮启蒙的开篇号角，目的就在于注释一个朴素的文化回归的梦想。我深爱的中国高等教育啊，冥想入梦之前请扪心自问——在政治经济文化一体的马拉松竞赛中，大学跑也跑了，累也累了，但为何却跑丢了最初的梦想？大学如何才能再次循着《盗梦空间》的逻辑逐步做回自己？

大学如果有梦，首先应当回归文化存在。在绝对意义上，大学是文化组织的具体样式，必须遵循文化组织的“游戏规则”，任何跨越文化逻辑的竞争方式或者试图从规则约束中逃逸的行为都将偏离大学发展的轨道，并导致在国际高等教育普适性格局中的边缘化后果。一旦违背文化组织的共同规则所规制的生存与竞争法则，大学终将丧失作为文化组织的身份以及人才和思想的贡献力。为此，在行使科学研究和服务社会的现实职能中，大学仍然有必要坚持基本的文化尺度而不被“大都市”的光怪陆离遮蔽自身的本质；在特殊意义上，大学是社会的“头脑”“良心”和“脊梁”，这些喻体一定不可置换为“头颅”“心脏”和“脊柱”。否则，头会晕、心会慌、脊柱会弯曲。大学成其为大学的根本在于精神，而大学精神表征着社会文化的制高点，大学精神如果沦落甚至沦陷在世俗功利面前，无论承认与否，大学组织终将成为有体无魂的存在。

大学如果有梦，始终应当恪守独立品格。大学是“精神手工业者的行会”，是学者、知识分子聚集的地方。刘易斯·科塞认为，“知识分子在他们的活动中显示出一种对社会核心价值的显著关心。……他们根据更高和更广大的真理对当前的真理提出疑问”。知识分子“溯源与追求‘象征世界’的能力和欲望”以及“批判现实世界的良知和责任”，这二者恰恰构成“知识分子”的双重核心特质。大学在批判中建构的社会职责必须以学术独立品格为保障，也就是说独立的品格是大学自强之本，大学独立的核心是学术的独立。布鲁诺坚持哥白尼的日心说，宁愿慷慨走向鲜花广场的火刑柱也不向教会低头，是对学术独立的誓死捍卫；红衣主教纽曼将大学归为一切知识和科学、事实和原理、探索和发现、实验和思考的高级保护力量，是对学术独立的公正解读。傅斯年说，大学“为的是学术，为的是青年，为的是中国和世界的文化，这中间不包括工具主义，所以大学才有他的自尊性”。否则，学者就会背离知识分子的精神，在批判“大跃进”亩产万斤的同时再造新一轮虚高的科研课题和论文产量，在高产的科研成果名目之下，真正的学术思想仍然凤毛麟角，真正推动社会进步的科技成果还是后劲不足。久而久之，院墙内外泛起平庸和市侩之气让徜徉其间的人们习以为常，不以为怪。继续做梦吧！唯有回归文化存在，恪守独立品格，大学才能找回本性，撑起自己的形象，托起民族的梦想，引领人类的未来。

梦醒时分，我要去上课了，只因为有学生成长的需要，不需要其他理由；我要去研究了，只因为有真理辩驳的渴望，也不需要其他理由。仅仅因为喜欢这样的生活方式，无关获奖、无关先进、无关排名、无关晋职、无关官阶——虽然这一切最终还是会带来“名”和“利”。但这无非是一种自然呈现的“结果”，绝非孜孜以求的“动因”！换言之，志在“获奖”，奢谈“一流”，难免南柯一梦；而乐于“学问”，专注“志趣”，迟早美梦成真！

庄周化蝶，吾所欲求；慧能绝尘，吾亦神往！

（原载《高教发展与评估》2013年第6期）

兔

中篇

師徒相遇

时代的讯息总是蛰伏于社会生活的细枝末节，高等教育的宏大叙事以及大学运行的角色特征无不溶解渗透至教育生活的点滴。《师徒相遇是累世的缘分》一文写道：“渐渐地，你发现你的心胸越来越敞开，心量越来越大，身心越来越柔软，能承担的越来越多，你在回归自性——而这些都源自于师徒间心心相应的传授。”

在玛雅预言的2012年元旦，老师忽然起心动念，与自己所指导的研究生坦诚心语，通过网络遥相呼应，除却常规问候，删除礼节辞藻，只留下朴实的回应，然后粘贴一处以志纪念，纯属偶然之举。2013新年开泰，末世预言未果，大家鲜活于世，师生就有继续聊下去的冲动，于是，第二年的寄语应运而生。原计划事不过三，就此打住，未料有朋友居然在岁末年初发来问候，同时敦促又一年的话语劝诫。无奈只好硬着头皮咬牙继续应对。以致年轮更迭，一晃五载，不觉间偶然描绘出当下教育生态之真实一隅。

教育何为？当下的大学是否还有意义？所谓高等教育是否富于生命的迹象？虽然无法达成共识，但事实上，高等教育除了宏大的政策研究以及遍在的指标度量之外，课堂内外的师生互动方式或许才正是教育生长的主要动力源泉。学术选择的波折，学业探索的纠结，无不浸润生命价值于其间。五年一贯，横竖一瞥，多少有点意思，只言片语为当下教学相长提供了原始素材，或许能够捕捉到这个时代高等教育场域的方寸脉动。

岁月流转，对话间，弟子们或在读或已毕业就职，还有的又从职场重返校园，无论是谁，大家都从各自的角度认真反省自己的成长，共同关心教育生态的异动与社会的进步。言辞珠玑，真挚流动于字里行间。

教育因周期而需要长期等待，教职因品相而需要终身坚守。学生一批批易换，老师还是那个老师，话语却依岁月而变。大学就是这样一个场所，孜孜不倦，喋喋不休，想听不想听随你！

2012：末世新年之寄语

董云川：起心动念的新年寄语

亲爱的徒儿们：

传说中的2012终于如约呈现眼前，未来一切依旧不确定，活下去因此更有意义！

董老凝视着你们前行的背影，喃喃自语：有老师管羊吃草，有老师牵羊吃草，有老师圈羊吃草，而我自己，毫不犹豫选择了放羊吃草。因为我相信你们自有吃草的理解力、定力、能力和才情！根据前几届师兄师姐的走势，多少各具风采，人生学术均崭露头角，看来放养策略大体无误！今天环视眼下，董老还是得追问再三：放是放了，你们吃草了吗？吃足了吗？吃对了吗？余世维说：人生最重要的修炼就是“像那个样子！”你们求学期间，董老别无他求，只希望你们“像个研究生的样子”！为此，读书、写作、思辨、研讨不可懈怠。以后何为？各有福报。留有遗憾，后悔莫及！研究生者，务必“研究”是也！千万不要沦落为“烟酒生”就好！切切盼望你们用不辜负自己的学业表现来证明我“放”的选择没错！

董老意欲因材施教，但“材料”备好了吗？人的气质除了天生遗传，读书修炼、为人行事的确他人无法替代。收放自如、厚积薄发、左右逢源的人生少不了日积月累的基石。舍此，人生怎么会有“味道”呢？觉悟的人生，苦不是苦，淡亦非淡！

涂又光先生说：“共性是有而不在的，个性是无所不在的。”迄今往后，斗转星移，世事变迁，潮流衍化，价值多元，各领风骚。然归根结底，日子还得自己去过，路必须自己去走。想要潇洒吗？唯有出类拔萃！想要出人头地吗？务必奔跑在前！想要品味甘甜吗？只能先尝苦涩！想要宁静祥和的小日子吗？你不得不靠内在的精神和外在的实力构筑起稳固的足以抵抗外力的屏障。

佛说，一杯水中有八万四千生命。你一口喝下，不就把他们没灭了吗？其实未必，生生不息才是正理，他们无非转化了存在的方式。犹如庄子所言，即生即死，即死即生。说不定哪天宇宙之生灵一张口，地球就灭了。但又有什么关系呢——只要你投入过、充实过、快乐过、珍惜过、体验过，一言以蔽之，真活过！就值了！

徒儿们，一眨眼工夫，师妹变师姐，学弟称学兄，新生成老生。别再说太忙而未及思辨，太疲而没能读书，太松又无人敦促。世事难料，痛并快乐的日子本属常态也不长久！累与充实相随，闲与空虚相伴。别人不学是他们的事，没人敬畏学术是时代的悲哀，但过什么样的日子终究还是自己的选择。毕竟你们已经戴上了研究生的帽子，还是争取名副其实吧！主动探究，时刻反省，勤快笔耕，随时快乐。

职场、社会总是千方百计、有意无意、明里暗里、直接间接地把你变成“别人”！徒儿们需要智觉以免俗套。读懂的书才是自己的书，体验过的情感才是自己的情感，消化了的智慧才会增长新的智慧。董老不是常说：生命是若干片段的组合吗？在岁月的门槛上，董老与你们擦肩而过，大家相互塑造一小段，无论如何短暂，毕竟是生命当中独一无二的亮光。

愿与你们共同成长！

周宏（2010级博士生）

敬爱的董老，2012的开元，天气不错，心情亦然。见字不禁会心一笑，因师者的语重心长，因怠慢了2012。

“无为而治”是董老的“牧羊”理念，省去鞭子、绳子和栅栏。没有惩罚、牵制、阻隔，羊儿无拘无束；缺少督促、引导和保护，羊儿不知所措。唯必有才情的牧人，才能驯化羊儿的不羁与钝滞，形成知“止”与“不足”的自觉。董老，您是否得闲枕着山坡数云朵，时而吹起轻快的口哨？是否偶尔也有乱跑的“沸”羊、怠惰的“懒”羊让您暗自神伤？

二十，我接受正规学校教育的年数。“读书”，有字的、无字的，学海无涯、世事沧桑。二十岁的光阴足以出落一个标致的姑娘，可是我的学问呢——实在没有勇气去掀看“她”的模样！所幸，书就在那里，思想的光华与日俱增，随时可阅，只要你愿意。

十二，是时钟、月历、生肖的轮回。哪怕2012注定是另一个轮回的节点，与山川河岳共赴，己身微渺何惜？明了后世人类百思不解的谜底，更是一番窃喜！

去读书了，不负董老“放羊”的深意！

金寿梅（2011级博士生，台湾桃园县司德国小主任）

离开校园，投身职场，转眼沉浮多年。这些年努力工作，难免偶有顿挫而兴起精进专业知能的欲望，然而重返象牙塔却始终是延宕的奢求。何其有幸，缘结云南，云大高教院成为我再次修学之执着选择。

学场之内，云川教授担任我们的博士生导师。其学术渊博、论解鞭辟入里，让我们徜徉学海，悠然无惧。在云大学习的日子里，云川老师又像双翼奋抟的大鹏鸟一般，总是在关键时刻，展翅翼护着来自台湾的徒儿，给我们信心、勇气与力量，引领着我们飞向未知的学海天际。

新春伊始，网络捎来热切寄语，细细咀嚼师长的殷殷期盼，身为学生的我喜忧参半。喜的是有机会重返浩瀚学术殿堂尽情挥洒，忧的是自己是否有能力用成果来验证“走对了路、吃对了草、备足了料”。迎向未来学习历程的漫漫长路，尽管过程充满了荆棘与不确定，我依然深信：在人文丰富的西南春城，在师长们不惮劳瘁、无私贡献之下，我一定可以突破重围，在学习历程中创造出属于自己生命中之亮点。

秉记“诚、新、效、容”的云大高教院训，我检视过去实践学习的成长印记以及那些涓滴积累的学问成果。仿佛母贝滋养的珍珠，在扇壳里慢慢琢磨，温润饱满而璀璨夺目。面对此刻的丰采，我的内心不胜欣喜与感恩。

我以身为云大的一分子为荣。

张琪仁（2009级硕士生）

时光太短，羡慕太迟……

时光溜走之后，我们开始追悔莫及，甚至愚蠢地在这一次的追悔莫及中迎来下一次的追悔莫及。翻看去年元旦的新年计划，该看的书是否看完，该做的事是否做完?

我们羡慕著作等身、出口成章、优雅从容、睿智笃定……

却总是蹉跎着不愿辛苦努力、接受生活的考验与磨难。所以，我们唯有羡慕，且在羡慕中蹉跎了时光的恩惠！三年前，我也总是如此这般地羡慕别人，而三年后我却更愿意辛苦、努力、磨炼自己，因为这份拿不走的踏实让我遇到更好的风景、更好的人和事。念过的书，写过的字，体悟过的情绪，不可复制，无法代替。因此，我一点点地丢掉了怯生生的自己。

时光太短，与其走在羡慕别人的路上，不如把自己变成自己羡慕的样子，于生活、于学习，亦如此！

董老是个包容豁达的人，他从不刻意把我们塑造成某个样子，而是根据各自的长处与特性，给予我们机会、鼓励与支持，让我们更好地发展自己，扬长而避短。

感谢恩师，相处一千多天以来，您带我们看到了更远、更真的世界，一低头，遇见更好的自己！

赵国润（2009级硕士生）

弟子看似聪颖，实则愚钝。自小在应试教育中打滚，仗些许小聪明，背书考试均颇为顺利。然因此而生轻慢之心，所读之书考过便罢，从未深思力行而化为己用。忆先贤诸葛亮所言："淫慢则不能励精，险躁则不能冶性"，实是悔痛不及。

至工作之后，所言所行皆随波逐流。虽睁眼却实盲，随大众钻研于"钱"与"权"，心茫茫而不知其所。一切言行，皆依"别人"所教，时刻谨小慎微，依"规矩"而行。一年之内，足迹近及缅甸，远及非洲。物质之所得所受愈丰，内心之迷惘痛苦愈甚。遂决心辞职求学。

弟子之幸哉，得入于云大之高教院，遇众多明师！更有大幸哉，得从师于董老！于点滴濡染之间，渐去世俗之尘嚣。得董老之棒喝，解内心之藩篱。渐得睁开双眼，以自我之真心看世界。从一“真”字始，人生得大快乐！自一“真”字始，治学得初入门！

感谢董老之“放养”！若无“放养”，则弟子无自由之时空以思索自性之本真、人生之真谛。若无“放养”，弟子或将再次迷于忙乱而无法自拔。眨眼两年半硕士学程已过，弟子日常所行之事颇碎，却于点滴间得终生之收获；讨论之言颇浅，却借此而识自身之真薄。若无董老“放养”之自由，则此皆不可得矣！

然虽言之为“放养”，董老一言一行之表率无时不在，董老对弟子之关心与点拨无时不在，弟子从未忘怀！自入学始，便再三叮嘱弟子当读先哲之“经典”。董老之讲座，常携弟子旁听。但有所见所得，无不以邮件短信发与同学分享。日常生活学习之中，董老对弟子之关怀实则片刻未离！

董老乃“人师”，不单于课堂教弟子治学之道理，更以自身言行为表率，濡染弟子做人做事之品行。硕士学业眨眼将过，斯无悔矣。弟子将来之人生，定当依教奉行！按董老所传范曾先生之言：“一息尚存，从吾所好 ！”

李迎春（2011级博士生，云南大学城建学院辅导员）

在不可未知而又已然知晓的新年第一天，收到董老寄语。看似简洁的新年致辞，包含了董老对于徒儿们的殷切关怀与无限期望。寒冷冬日里的这份叮咛与嘱咐，让我倍觉透心的温暖。

还记得2004年刚刚踏入东陆园的那个秋天，硕士生迎新典礼上董老关于学术和人生的演讲令我毕生难忘。生平第一次了解到学术的真谛，体会到生命的价值。当时董老的一句话激励我至今：“一个人若把本职工作做好、做精，在工作岗位上你就具有不可替代性；人生亦同理，如果你把自己做大、做强，在人生的道路上你具有主动性，人生就由你自己安排而非由他人安排。”（大意如此）在这句话的鞭策和激励下，我一直坚持学习，希望自己有一天会成长，能成才，正如董老所言“觉悟的人生，苦不是苦，淡亦非淡”。现在，我兼具教师和学生双重身份，倍觉责任和压力。作为辅导员的我，学生工作事无巨细，烦琐而责任重大；登上讲台的我，教学工作严谨踏实，辛苦而意义非凡；作为学生的我，学习任务不敢懈怠，努力而积极进取。真的希望自己可以做到“像那个样子”，不负所望。在过去的一年里，我的人生际遇发生了很大的改变，选择了，放弃了，成功了，失败了，收获了，割舍了，最终还是归于三个字“心不死”。忽然意识到人世间似乎最悲哀的事就是“心不死”；而最庆幸的事亦属“心不死”。度尽劫波心还在，“值”！

也许随着时间的流逝，董老课程中的点点滴滴我会淡忘，但董老的智慧、热情、勇气和慈爱我将铭记于心，此生拜入董老门下，实为万幸，“智如泉源，行可以为表者”，董老是也。

王春绸（2011级博士生，台湾莊敬国小教师）

人在少年时代好学，就如同获得了早晨温暖的阳光一样，那太阳越照越亮，时间也久长。人在壮年的时候好学，就好比获得了中午明亮的阳光一样，虽然中午的太阳已走了一半，可它的力量很强、时间也还有许多。人到老年的时候好学，虽然已日暮，没有了阳光，可他还可以借助蜡烛啊，蜡烛的光亮虽然不怎么明亮，可是只要获得了这点烛光，尽管有限，也总比在黑暗中摸索要好多了吧。诚然，不爱学习，即使大白天睁着眼，也只能两眼一抹黑；只有经常学习，不论年少年长，学问越多心里越亮堂，才不至于盲目处事、糊涂做人。犹记得去年的最终一月，与云大博士班的同学一起驾着车，拿着报考文件数据，赶着期限最后一天从桃园飞奔到台北办事处报名参加博士班考试的情景。为什么拖到最后一天才匆匆忙忙地报名？因为，心中的挣扎让我犹豫不决、裹足不前；因为，已经念到了音乐硕士，有一份稳定的教职工作，有一个先生疼惜儿女成双的美满家庭，照理来说，也无所求，攻读博士是一件重大长远的工程，有必要让自己这么辛苦，给自己这么大的压力吗?可是，就像孔子说：吾不如老圃，吾不如老农！因为天下之大，知识浩瀚，穷毕生之力，能学到百分之二三，就已经难能可贵了，所以谈到技术、做人、处事，甚至圣贤之学、科技之学、宗教信仰之学，真是所谓“生也有涯，知也无涯”。终身学习不也是担任教师的必备条件，而“活到老，学到老”，不正是家庭与学校教育中，身教重于言教的最佳模范？于是我义无反顾地从教师变成了学生。

人生的际遇是如此的奇妙，因为教师合唱团结识寿梅姐，因为寿梅姐结缘谢登旺教授，因为谢登旺教授缘识董老，人云：成功是靠许多贵人在不同的阶段相挺、相助，在我的求学生涯中，此语得到了最佳的印证。

是的，人生在世，做什么就要像什么。现在我身为一个博士生，就必须像一块海绵般不断地吸收广博的知识，不停地阅读、写作、思辨、研讨，追求知识的真理，奠定智能的基石，才不会在学海生涯中虚晃虚度。哈佛有一个著名的理论：人的差别在于业余时间，而一个人的命运决定于晚上八点到十点之间。每晚抽出两个小时的时间用来阅读、进修、思考或参加有意义的演讲辩论，你会发现，人生就会发生改变，坚持数年，成功就会向你招手。其实无论我们的收入有多少，应该分成五份进行规划投资：增加对身体的投资，让身体始终好用（运动、休闲……）；增加对社交的投资，扩大我们的人脉，结识更多贵人；增加对学习的投资，加强我们的自信与智慧；增加对旅游的投资，扩大我们的见闻，放眼国际的趋势；增加对未来的投资，增加我们的收益。逐步落实，我们会发现自己的人生逐步会有大量盈余。某杂志对全国六十岁以上的老人抽样调查，结果“最后悔的事情”位列第一的是：年轻时努力不够，导致一事无成。

感谢董老的耳提面命与龙年期许，弟子定会更积极利用时间，随时阅读、努力写作、不停研讨，在我人生的求学生涯中涂满丰富鲜艳的色彩，也让自己在六十岁时不会后悔感叹。人生，有梦最美，但是也要筑梦踏实，把握当下，对自己负责，才不枉此生。

强浙华（2010级教育硕士，云南师范大学实验中学教师）

看到董老的新年寄语，心情既激动又平静。激动是因为见字如面，眼前又浮现您留着小胡子的笑脸，同时因为您带来的灵感，我立即也给自己的学生们写了一份“初三寄语”；平静则缘于您的追问，我因此静静思考反省了自己入校一年半的研究生学习生活。

法国思想家蒙田说过一句话：“老师应让学生在他面前小跑，以便判断其速度，决定怎样放慢速度以适应学生的程度。”您问我：“吃草了吗？吃足了吗？吃对了吗？”从自我检测情况看我大概是排在队伍末端的羊，因此而愧为董门弟子。今天，终于迎来了2012，如您所说这一定是个不寻常的年份，暂且将未来的发生都视作是大自然在展示它那威严无比的形象，准备让我们仔细端详地球母亲脸上瞬息万变的千姿百态，反馈人类对大自然的所作所为，而我也因为您的寄语而开始仔细审视自己——是否真的“像那个样子”？

童年，人生就已开始。从咿呀学语到走进校园，培养我成长的老师由父母二人开始逐年壮大。家中有一张我小时候咧着大嘴的照片，爸爸说那是我初学会走路，一脸得意神情。从小学到大学，每天总是懂得一些从前不懂的道理，总能学会做些从前不会做的事，觉得越来越充实，生命力愈发旺盛。直至走上工作岗位，做学问的胃口渐渐被繁重的工作减弱了，久废不用，自然趋于麻木，读书的幸福感丢失了一大半。好不容易进入了研究生学习阶段，却未能抓住时机认真学习，深感惭愧。您曾经用神奇公式中Attitude=100分的巧证提示我们，态度改变人生，态度决定命运。而我自己，常常充满对于学习的态度和激情而稀薄于读书的行动实践，“实践少”然后又归咎于“时间少”，仔细想想还是应了莎士比亚那句话：“抛弃时间的人，时间也抛弃他。”

我不能一无所获，力争在末日来临之前，认真学习让自己不再空虚而体会到学业的幸福。

李梅（2010级硕士生）

董老师，每次见到您我就紧张，因为我有教学经历、有基础，可就是没有作品出现。您总是面带微笑、目光殷切地问我：你到底在想什么？你的看法是什么？那时，我也只能用微笑来回应您。因为当时我虽心中发抖、背后冒汗，脑中却依旧空白——因为我也不知道自己在想什么。

一直以来，周围的人都是告诉我：你该怎样做。于是，我学会了按照“别人”的要求，揣摩“别人”的意思，做到“别人”满意。渐渐地，我习惯了这种状态，并认为这就是常态；渐渐地，不用别人费心费力，我也会主动地、积极地向“别人”靠拢；渐渐地，我忘记了问问自己的内心在想什么，忘记了这个世上还有一个“我”，真实的、独一无二的“我”。

我就这样混沌而又平静地向前走着的时候遇见了您，您用言语和实际行动告诉我做人要真诚、真实，要活出真我；经您在课堂内外的反复追问，我不断反省并渐渐觉悟。我试着叩问内心，查看到“真我”的遗失，意识到自己的问题应该由自己的脑袋决定，您直指内心的点拨已然明示出未来的光景。

回想一年半的学习生活，不仅是求学问道的狭义生活，更是一次次修正自己人生态度、找回自我的广义生活体验，即所谓“不出户，知天下”。您总是说一切都要抓紧，否则就来不及了。在接下来的时日里，请求您继续问出更多让我内心发抖、背后冒汗的问题，这样我就能够在有限的时间内接受更多的熏陶和醍醐灌顶的“棒喝”。

否则，我真的就来不及了！

徐绍华（2009级博士生，昆明理工大学副教授）

拜读董老的新年寄语，颇有感触。作为学生，我亦赞同导师的“放羊之道”。中国古语有“师傅领进门，学艺在个人”之说，乃在强调个人学艺的自觉性。今乃观之博士教育之道，亦多采取放羊之途。不过，放是有原则的，有有意为之，也有无意为之。我支持有意之放，其中之“意”，是有原则、有意图的。放之术有管、有牵、有圈、有导，其中真谛在于管则累、牵则惰、圈则滞、导则活，或管、或牵、或圈、或导，全在于导师放的艺术。

放的另一端是收。收亦有颇多讲究，有紧收、慢收、急收、回收等等，其中或紧或慢，或急或回，亦在导师之功力。功力深厚则收放自如，功力不够则收放不易，甚至有放无收，甚或收不回来。放与收之间还有一段距离，此距离是有而不在的。其长短全在于导师之手与学生之心，导师放得松，学生可能游得远，其距离则伸得长。不过，亦有导师放得松，而学生游不远的，其间距可能出现≤0的情况。我相信，导师的功力有多深，学生的心力就有多远，不过，有时导师的功力与学生的心力之间不一定成正比例关系。因此，放与收的矛盾之间可能是一根实线，也可能是一根虚线……放与收、虚与实便构成了一组对立统一的辩证相依关系，同时又与力（道术）形成了一个稳定的三角关系。

回味董老的“放羊之道”，颇有道家无为而治之意。我想，每个导师“放羊”之最终目的都是希望每个学生“青出于蓝而胜于蓝”。不过，因每个学生的天赋资质不同，虽徒有胜蓝之勇气，亦不一定能游到彼岸。所以，我倡导青不一定非要胜蓝，生不一定非要胜师，浅蓝亦有妙用，悟道亦能成师，顿悟即可成佛。也许多元化的发展更能百花齐放、五彩缤纷。不过，作为学生，学要有学样。为有学样，非得用心。套用费孝通先生的“文化自觉”之说，为学亦有为学之道，其中之道即在自觉之悟与自觉之行。唯有自悟践行，方可由学而生，由生而知，由知而识，由识而道。

总之，导师不是悠闲自在的牧羊人，学生也不是埋头吃草的小绵羊。导师“放羊”意在使学生自觉成“样”。这“羊”与“样”的差别仅在一个“木”字。“木”者，树也。希望导师的“放羊”与学生的“成样”皆如树木的戎长成材一样，在阳光的普照与水土的滋养下，生根发芽，开花结果，茁壮成林，妙用成材。

刘皛（2009届硕士毕业生，湖南师范大学在读博士生）

离开云大高教院已两年有余，新年初始看到导师的祝福寄语，鞭策当下的同时，提起我三年硕士生涯的记忆。您的“人生片段论”广为流传。于我而言，这句话本身不包含任何的价值判断，如果持有享乐型的人生态度，借用这句话可以把纵情声乐阐释得头头是道；如果持有奋斗型的人生态度，同样可以用这句话来鼓励自己的每一次勤劳付出。所以，“片段”本身是无色的，关键看自己要把每一个片段染成什么颜色，最终组合成什么样的画面。

硕士三年实在短暂，对我的成长却意义非凡，因为正是在这个阶段，我不仅获得了知识的增量，同时也学会了自我规划、自我负责。在宽松的教育理念引导下，您会在关键的环节上给予指向性的意见，但路怎么走都是自己选择、自己决定。三年的人生片段要染成什么颜色，画笔最终掌握在自己的手上。值得庆幸的是，这一片段在我人生中充满阳光、积极向上、多姿多彩，其影响力延续至今、指向未来。

也许在社会和他者的影响下，描绘自己人生片段的我们会困惑，片段在多大程度上是自己决定的？这就是做自己，还是做别人眼中的自己的问题。事实上，如您所说，只有“内在的精神和外在的实力构筑起稳固的足以抵抗外力的屏障”，我们才能在最大限度上决定自己的人生。校园为学生提供了储存能量、蓄势待发的空间和条件，学生可以充分利用这短暂的时光塑造自己的内心与外在。尼采说过：“人类是一条污染之流。一个人必须是大海，以便接受一条污染之流而不受污染。”教育就是不断兼收并蓄，把自己的内心变成大海的过程，只有把自己变得如大海般强大，被抛入社会后才能抵御外界的风浪。

“面朝大海，春暖花开！”

刘永存（2010届博士毕业生，湖北第二师范学院教师）

从硕士到博士，整整六年，董老与弟子之情谊远非通常言语所能传达！今天偶见董老新年寄语，勾起无限遐想与思念。除却俗言套语，只对“教为不教”感悟几句，以为学弟学妹共勉：

对于攻读教育学专业的研究生来说，“教为不教”已经耳熟能详。然而，熟知并不等于真知。在当今时代，没有一位教师能够教给学生全部的知识。最有效的教育应该是赋予学生以自主学习的能力、激发学生永续学习的愿望，也就是达到真正的“不教”。也正因为如此，为师者皆以“不教”为最高境界。

然而，“不教”必须有前提，教师要“教”得巧妙，“教”得合道。换言之，教师的“教”要符合学生身心成长和发展的规律，符合学生所处教育阶段的内在规律和本质规定。以此观之，“教为不教”并不能作为教师“肆意放养”的根据，相反，却对教师的“教”提出了更高的要求。

从教育发生与发展角度看，“有限度地放养”是必要的，但在学生还不能完全自主、自为时，基于过程评价与成果导向的监督亦不可或缺。

学生从"需要教"到"不需要教"，从"迫于任务而学"到"积极主动地学"，会经历一个十分艰难的过程。在此过程中，导师的"积极引导"会帮助学生找到学业"上水平"的突破点。导师如果不会导，学生往往会停留在"临界点"上，长时间无法突破。意志坚强的，会坚持；意志不坚强的，就会自弃。因此，导师有方法、有取向性地"导"和"教"是学生走向"不需教"的助推器。当然，古今中外颇有一些无师自通的天才式人物。然而，我们必须清醒地认识，这样天才式的人物毕竟是小概率事件。大多数人在进阶学术的路途上需要导师的"谆谆善诱"，也需要教师在迷茫和身陷困境时"当头棒喝"，产生突然间的"顿悟"，进而打通通往更高学术殿堂的"任督二脉"。事实上，这也吻合老子"从有为到无为之道"。俗语所讲"扶上马，送一程"，事实上也暗含此意。

从"教"向"不教"进发的过程中，如果师与生能够建立心灵的默契，旅途的时间就会大大缩短。共同学习乃是心灵产生共鸣最好的途径之一。比如，共同研修一本名著、共同开展一项课题研究。正是在这种共习、共研中，学习成为一种心灵的共在，教与学成为师生的生命叙事。师生之间的"教"与"不教"也因此而打上烙印，此所谓"家门师风"。因此，许多名师门下，学生数百，个性迥异，成就领域分殊，却有着共同的"精气神"。这种"精气神"才是"不教"之精髓！

毕业出门，回首凝望，董老显然深得此道！

（原载《学园·学者的精神家园》2012年第1期）

2013：不得不说的啰唆话

董云川

亲爱的徒儿们：

有了去年元旦献词，今年似乎也得说几句。铺天盖地的网络词汇几乎涵盖了人间所有美好的字眼，以至于当我们真正想表达某种特定情感的时候，居然不知所措——好一个喧嚣浮华而平庸粗浅的时代！

玛雅预言管它准不准，总是步着海明威的丧钟趁机给芸芸众生又敲了一记警钟！让我等书生可以借机适度反省，去觉悟点滴学问之旅途的意义。

民国时代的知识分子大多着布衣现补丁，但器宇轩昂者不在少数，让人肃然起敬；今天的学者教授基本着名牌挺油肚，但形容倦怠眼神游离者极目可见，让人侧目而视；先秦魏晋唐宋文人酒后有诗，茶中有情，千古诗画精雅至极竟后无来者；当下众生为各种合理与不合理的生存理由相互托付，酒后成项目，茶毕签合同，醉卧四处毕竟只余俗不可耐的套话俗语——如若众人皆醉我也醉，众人随波我逐流，那岂不是对不起高等动物的称号？！

有人写了一本书，叫作《人生为一大事而来》，2013了，活着干嘛呢？个体的生命是个小小的恒量，有多少网页要浏览？有多少层级需要跨越？有多少财富需要积累？有多少人需要去摆平？有多少烦心的事情还未想清楚……董老提醒大家：当我们把预定的所有目标实现之后，结果自然呈现——无论玛雅人发不发出预警，死亡自然就在眼前了！

宗萨蒋扬钦哲在《正见》中指出："悉达多并没有研究经费和研究助理，只有炎热的印度尘土和几只路过的水牛为他见证。就这样，他深刻地了悟了无常的真相。"这种情形在当下的人文社会科学研究中是难以想象的，我们普遍以为，必须要争取到各种各样的丰厚的社会资本作为条件，再挂上一些基地、先进、名师等一系列号牌之后，就会如尼采般源源不断地流淌出思想来！而各种作为"大事情"的研究项目才能够得以组织实施，各种研究成果通过申报评奖也才能成就个人作为社会科学工作者的"大事业"。

事实似乎并非如此！当今教授越来越多，而学者越来越少；研究生越来越多，而研究者越来越少！

于是，今天再次与你们分享一句话：一息尚存，从吾所好！做自己喜欢做的事才是天大的事！奉劝大家，新纪元纵然又是千万年，但摊到个人还是只有两万多天，于是，请抓紧时间，用智慧的心灵去感知你所喜欢的生活方式，用加倍的努力去为你选择的生活方式赢得更大的自主权，把最多的时间消耗在你认为值得的事务之中——每个人都不同，各有各的精彩！

因为有了你们，董老持续坚定着从教的信念！

周宏（2010级博士生）

又到元旦，看看时间，十点半多，点开邮箱。果然，一封来自董老的新年寄语已经如期而至。当然，香艳浓郁的祝福，想都别想。反而提到“海明威的丧钟”，还说“死亡就在眼前”。如常的话语风格在节日的特殊时点，显得格外真实和真诚。

“那又怎样”——我一直以来的心态关键词，2012年也是。临近岁末“某日”，居然当真几次被问到：“世界末日是真的吗？”以反问对之：“就算是真的，那又怎样？”那年轻的说：“可是我还有那么多目标来不及实现！”“为什么一定要实现？实现给谁看？给自己看，奋斗进程是因外力阻断，不怪你；给别人看，连‘别人’都没了……更何况大家都很忙，不一定有空儿看。”那年长的说：“可是我儿子大学还没毕业呢！”“你儿子最近在忙什么？”“备考二十二日的英语六级。”“他自己都那么坦然，你又忧患什么呢？”后来过了那天，新闻播放玛雅人欢庆新纪元的场面，转身看到一个QQ好友的签名档写着：“这个没有末日的世界啊！”显然，他不怎么开心，我却不禁笑了，起码岁月别来无恙，人们别来无恙，不是吗！

常常发现，拿对待生活的态度来对待学术是极为不妥的。学问要靠主动地、不间断地追寻——却也未必能够得以近身。所以，但凡思考时的些微触动和醒悟都足以在不短的时日里兴奋不已。自忝列门墙以来，“问题意识”屡屡耳闻，但以往在我这里它只作为“知识”或“方法”而存在，没有真正作为“问题”被重视。直到被诸多译著中的二手西方理论搞得一头雾水，在或宏大繁复的建构或毫末入微的解析中晕头转向之后，猛然发现：钱穆、费孝通、张楚廷，这些不同时代学者的不大符合“学术规范”和“潮流研究范式”的文章竟然把问题说得异常清楚。在识字即可通读的字里行间，在并不吃力的阅读行进中，有力透纸背的清晰真实的“问题”跃然纸上，可以令人如沐春风，如释重负，也可以令人唏嘘不已，汗颜不止。

诚然，以知识为中心的学术像从事搬运工的工作，难免错误投递和原件损毁的事情发生，间或有意无意的“断章取义”作梗，可能翻译来的西方观点再翻译回去，连老外自己看了都莫名其妙；以方法为中心的学术像从事理货员的工作，纵然摆得如何像极了坦克大炮，总归还是一堆日常用品。而且无法摆脱形式与内容的悖论，大姐，您这是卖坦克还是卖牙膏呢？复杂了形式必然稀释了内容，简化了形式必然繁复了内容。以符号主义为例，一手降低了语言与文化等范畴的神秘度，又一手增加了符号额外的信息负荷，“祛魅”与“入巫”只在一线间。最近已然养成一个怪癖，面对很多文字的时候都想问一句：问题是，“问题”是什么？

校园里的玉兰正值花期，这种花在叶片掉落殆尽之后开放，又默默变成枯叶的姿态守在枝头。在这个谐音“爱你一生”的年份，祝愿钟爱教育事业的人们在坚守中愈加美丽。

李国华（2008 届硕士毕业生，云南经济管理职业学院教务处处长）

在2013年的第一天收到您的来信，聆听您的教诲，有太多的感慨。

算是对去年的总结吧，我在微博上宣称：2012年，我要“退步”，具体讲，就是像做生意一样地经营一点“学”术，为自己赚取一份生活的资本。但岁终年末，碌碌之中陡然感到前景的无聊，经眼的繁华在抑郁的心底变成一种尸腐味。2012，末日未降，2013，任重道远！

过去的一年，工作虽有进步，内心却还有不安。

首先，貌似光鲜的职业掩藏着太多的艰辛。有人评价说，在高校任教，工作体面，收入不低，加上又是中层干部，令人艳羡。民办高校有其机制灵活的特点，但缺乏历史积淀，其规范化程度有待进一步提升，在民办高校工作，很多事情都需要靠摸索积累经验，而经验的积累往往需要花费正常工作几倍的时间为代价；同时，一个人承担多项工作任务也是常有的事情。当然，这对个人的职业长期发展是有利的，但我面临的困境是这些琐碎的工作占据了太多的时间，以至于自己独立学习和科研的时间非常有限，在工作之外，我能留给家庭的时间也少得可怜，每天都很忙，几乎没有时间陪伴孩子，家庭事务还多亏妻子打理。我崇尚民国知识分子精神独立、思想自由的气质，向往古代文人酒后茶余的诗情画意，也厌恶这随波逐流的世俗，但自己和家人都把希望寄托在未来，这个未来却有太多的不确定。

其次，在学校待的时间长了，对您的理想主义也略有怀疑。您曾告诉我们说，教育者要首先改变自己，再去影响身边的人，然后再靠身边的人去影响千千万万的人；您曾说教育要传授知识，解决困惑，告诉学生快乐生活、智慧处世、勇敢做事、慈悲待人。但反观现实，我发现我们越来越偏离教育的原旨和本真：各类学校永无止境地在追求办学层次的提升，校园占地面积越来越大，教学大楼越来越奢华，考试名目越来越繁杂，学生追求的证书越来越五花八门，教师却越来越怀疑自己的职业，潜移默化中，教育越来越急功近利。就像钱理群先生说的那样："我们的一些大学，正在培养一些'精致的利己主义者'，他们高智商，世俗，老到，善于表演，懂得配合，更善于利用体制达到自己的目的。这种人一旦掌握权力，比一般的贪官污吏危害更大。”大学已经很少谈论理想了，提到这词会让人觉得那么的不合时宜，那么的矫情。可连教育都不再有理想主义的支撑，我们的教育还有希望吗？

理论上讲，教育要提供给我们一种生活的意义，以摆脱平庸和狭隘，发现自己的精神依托和人生之可能。这种追逐理想的过程，可能只是一个无限接近却充满艰辛和磨难的过程吧。

看着您最后一句话，想到上周您在高教院十周年庆时演讲的悲情与豪迈，非常感动。也许，我还被困于现实的迷雾，需要当头棒喝才能醒来。

徐绍华（2009级博士生，昆明理工大学教授）

读到恩师《2013：不得不说的啰唆话》，颇多感触。我十分感佩于董老对学生的谆谆教导，尤其是别开生面的新年寄语更是独具一格，凸显其为师的特立风范。

我十分明了董老发出的警语。在辞旧迎新之际，我亦在思忖：过去的一年，我留下了什么值得留念的足迹？在新的一年，我该开始怎样的征程？在反思之余，我发现了更多的无奈。为了生存，我不得不拼命工作；为了发展，我不得不在白天与黑夜中挣扎。人的一生中有很多选择，也有很多无奈。问题是，在诸多选择中，属于主动选择的事项并不多，更多的是“被选择”。所以，无奈也就应运而生。这就是人生的矛盾。难怪卢梭在追求自由的过程中感慨：“人生而自由，但无往不在枷锁中。”有的人为了逃脱藩篱而金盆洗手，退隐江湖。可事实上，即使退隐江湖后，又有几人感到幸福？套用去年的一句流行语“你幸福吗？”扪心自问，我竟无语回答。如果庆幸在玛雅人的预言中存活，我可以说是幸福的，但问题是，玛雅人的预言本身就是庸人自扰的结果。有的人因不做庸人而众人皆醉我独醒，可事实上，独醒的人也未必幸福。正因为如此，才会有屈原因为独醒而孤独自杀的悲剧。鲁迅曾看清世人的麻醉而又不愿惊醒沉睡于“铁屋”中的庸人，但是最终他还是打破了“铁屋”，放进了清新的空气。我欣赏鲁迅的勇气，但我做不到。所以，我更羡慕出家的高人，但因我道行太浅，只能在精神上望其项背。相较而言，我更喜欢陶渊明的生活，“采菊东篱下，悠然见南山”。道法自然，人何不乐？可遗憾的是，现在的自然已经不再是陶渊明心中的自然，而是一个个污染严重的“墓葬场”和无法摆脱的“名利场”！

于是，在无可奈何之中，我只能寻找平衡，在彷徨中独孤求行。不过，对于恩师的告诫，做弟子的从不敢懈怠。所以，当别人陶醉于跨年狂欢的喧嚣中，我却在和着冰冷的夜风咀嚼来年的“为今之计”，在忙里偷闲的“元旦快乐”中完成我的求学任务。感谢董老的“啰唆话”让我再次清醒。不管有多少无奈可以纠缠，有多少时光可以重来，只要一息尚存，吾将继续独孤求行。

卫魏（2008届硕士毕业生，云南大学教师）

跨入2013年的元旦，董老的一席啰唆话让徒弟从吃喝、访友、玩乐的元旦生活中突然惊醒过来：曾经的梦想，现在追求起来怎么那么缺少动力和激情？

听了董老的一席话，方知现世中的价值观和人生观仿佛已经把我们同化，大家一起在浊世中混日子，没觉得自己有什么不对，但现在突然觉得：自己可以没有经世济国的大才，但不可无修身齐家的基本素养。穷则独善其身，达则兼济天下。此世无论怎么喧嚣、浮华，自己却要坚守着自己的那一片清明。

所以，董老的啰嗦话，我看来不仅是对徒弟们真心实意的关怀，更是醍醐灌顶的真义的彰显。再次感谢董老的啰嗦话，徒弟会谨记“一息尚存，从吾所好！”的鞭策，让自己从浑浑噩噩中醒过来，为自己曾经有过的梦想而努力，为自己喜欢的生活方式赢得更大的自主权！

刘亚（2012届硕士毕业生，西南财经大学留学生院教师）

董老，新年好！来信反复阅读了多次，字字玑珠，值得慢慢体味。

您一定记得研一时我多么的不自信，我觉得师兄、师姐们都比我优秀，我没有特长。事实上这种想法从我上大学时就开始了，也一直苦于没有突破口。直到有一次看您的讲课视频，一段话给我的内心重重一击，从此生根、发芽。您说，大家都做同样的事，但如果一个人一直坚持做到极致，做到让人感动，他就能够出类拔萃！于是我决心寻找一个我想做好并能做好的事情，坚持下去。于是就有了后来的故事……

您说：“别看刘亚个子小小的，但是内心很坚强。”我说：“因为我心里有个信念。”我不是天资聪慧的人，可我真的想成为一个优秀的人，所以坚持做一件事情，做到极致就是我通往优秀的出路。其实我一点都不坚强，也有脆弱得不堪一击的时候，终究是信念支撑着我走过来了。

上周回校参加院庆，再见我光彩夺目的师兄、师姐们，我已不再自卑，我觉得我找到了自己的立足点。我依然为他人的成就而喝彩、叫好，但我在我的世界里感到很完满。您说得对，每个人都不同，各有各的精彩！

一路坎坷走来很不容易，对恩师的感激之情难以言尽。有人总结教书的四个层次：得过且过——教授知识——感情感化——传递思想。董老当属后者，而我就是受益者之一。自己当了老师才深感教育之伟大，真正的教育是把学生培养成他想成为的人，是给学生一种完满感。尘世喧嚣，不过我的心很宁静。今年新年晚会，留学生们给了我一个巨大的惊喜，让我感动不已。我深深体会老师从教之乐趣，这也是我继续努力源源不绝的动力。

2013，又是一个新的起点……

攸志鸿（2012级硕士生）

2013年的第一天，收到了您的邮件，半是汗颜半是欣喜：惭愧的是新年的第一天忙于生活琐事没有学习更没有思考，也未能向老师送去新年的祝福。喜的是能够收到您的寄语，读着特别的文字，在深夜里静静反思，过去的一年，我付出了多少，收获了多少；新的一年，又将何去何从。

每一次读您写的文字，听您说的话，总能引发我深深的感触与思考。在这不长的日子里，与您接触的也不算太多，起初的时候有一点惧怕，还有一点紧张，可是在这几次的活动中，您亦师亦友的风格让我逐渐地放松了。高教院院庆那一天，您与我们一起做游戏，就像一个娃娃头，一起欢呼、一起加油，那一刻觉得您不仅是我们的老师，更是我们的朋友，突然之间，就不是那么怕您了。十几年的学生生涯，听到的多是父母家长对我的要求，“你应该怎么样，不应该怎么样”。于是，我努力地让自己成为一个家长、老师眼中的好学生，工作了又努力让自己成为领导眼中的好员工。然而，在高教院，我感受到了一种自由而随性的气氛，老师会鼓励你引导你，使你思考，让你自信。何其有幸，能够走进云大，进入高教院，成为您的学生。

当我们把自己放在芸芸众生中，放在人类的历史中，生命何其渺小，何其短暂。2013，新的纪元，也是我新的开始，在人生仅有的两万多天里，在这珍贵的一千多天里，用真情去感悟，用行动去践行，认真地活在当下。人生一世，从吾所好，但求无悔。

感谢董老！让我在2013年的开始，就少了八分糊涂，多了九分自警。

徐娟（2012级博士生）

进入玛雅新世纪，收到董老发来的新年“啰嗦话”，让我既倍感温暖，又感悟到董老对弟子的警示与期冀。

考入董老门下不到半年，时间虽短，但影响已然醍醐灌顶。董老的侠义风范与快人快语我早有所闻。有幸加入师门之后，和您的每一次交流，或面谈，或电话，或短信，或邮件，总是能给我新的收获，不仅是学术上的提点，更有做人、做事、做学问方面的教导。这种影响和启发是发自根本的，让我逐渐形成了思辨、质疑的思维方式，也让我清醒地认识到了自己的浅薄与平庸。几年没好好读书写作，自信心严重欠缺的我，每次在交流之时，总是能够得到鼓励：不要急。所幸，我持续的考研坚持还是找到了这个学术生命的参照，心向往之会让我“用加倍的努力去为你（自己）选择的生活方式赢得更大的自主权”。

时间过得真快，转眼博士阶段已过去六分之一，真让人有一种紧迫感。实在是有太多的事情要做，太多的知识要积累，积压了太多的书要读。只恨每天太短暂。幸好，有老师的关心与鞭策，让弟子在学问之途上不会觉得彷徨与孤单。

不怕慢，就怕站。许多我们在教学研讨中的话都足够我受用一生。一辈子的时间不长，只要尽心竭力，用知识与思想丰富自己的心灵，不断增加生命的厚度，此生即不会虚度！

王颖（2008届硕士毕业生，昆明理工大学教师）

2013走出末日的阴影，迎来了阵阵清新——除了乍寒还暖的天气、维也纳金色音乐大厅传来的经典，最最温暖的是您传递来的新年叮咛。

2012回学院的日子不多，主动和老师交流的机会也少。老子说：太上，不知有之；其次，亲而誉之；其次，畏之；其次，侮之。我只想说这句话用在表达对学院、对老师的感觉颇为贴切——不知有之，却在心中。离校已近五年，当拜读了老师新作《寻找迷失的象牙塔》和前几日回学院参加了十周年院庆时才发现这些年来自己从未走远。高教院的三年教会我乐观、从容、努力与平和，而跟随董老的三年则让我体会到了随心所欲与不逾矩、傲骨与适应之间的平衡。这些精神，虽然不曾被日日挂在嘴边，但是却在三年的浸润下驻进了内心，时时会听见它的召唤声，那声音时而微弱、时而强烈，但是无论我听还是不听，它，就在那里，不离不弃。

诚然，五年里为了“生存”我也免不了迷失、急躁、胆怯和妥协，甚至有了放弃的念头，曾为了些“俗不可耐”的举动悲哀叹气，认为自己辜负了老师的期望；也曾不甘心“堕落”，为了去证明自己的脱俗而弄得举步维艰，左右为难。到底应该怎么活成了困扰人生的一大难题。

2012年南怀瑾先生走了，而他对人生的最高境界的定义“佛为心，道为骨，儒为表”却映入我的脑海。渐渐悟到其实老师的嘱托也是一样，并不是要让我们孤立于世，而是做到外化而内不化。因为内外都化，就是真真地妥协了，懦弱和胆怯只能换来热闹后的悲凉与迷失；而内外都不化，当然桀骜可是未免太过孤单，几个大些的风浪就足以将其淹没，那时壮士尚且不在，又何以言志？我想起老师一次讲座中的话语：“每个人都想做自己喜欢的事情，可是不是人人都有运气一开始就这样？如果不能，就只有先做好自己不喜欢的事，这才可能最后自由地去做自己喜欢的事。”是的，命运既然没有一开始就送一块蛋糕，就应该尝试着去喜欢它送的肉夹馍，同时对蛋糕仍然怀有梦想。就像《少年派的奇幻漂流》里，当少年始终保持着梦想和信仰且懂得了顺服，乐观享受命运的赐予时，最终获得了自己想要的。我想最有勇气的不是那在安静环境中倾听内心的人，而是在嘈杂和混乱中，甚至不得不参与嘈杂时，却仍然听得见也愿意听内心的人。就像拥有真正洁净之心的不是身隐山中，而是隐在闹市。只有融入，才可能超越，跳过融入的超越只是伪超越，对于一个大学如此，对于一个年轻学人亦如此。而我，从今天起就要一步步去接近一个勇敢人的标准。

2013任凭世界每个角落都回荡着棒子整蛊的舞蹈，但维也纳仍然还是一遍遍叙说着施特劳斯家族留下的经典，如我十年前所见的一样，一如既往。无论时代如何喧嚣浮华而平庸粗浅，无论从外面看起来我们多么“Fashion”和“潮”，但是心中仍然住着缪斯，因为我们与您结缘。只要有灯塔，帆船走得再远也不会孤单！

吴挺立（2012级硕士生）

回忆2012年，感慨颇多。和之前的二十二年相比，生命中的第二十三个年头过得有些风生水起。悲欢离合似乎都浓缩于这一年，所谓的人生阅历小而观之也不过如此了。跳出小儿女的感情纷扰，回到一个研究生的视角看看刚刚过去似乎又尚未过去的一切。

当某一个人或是某一个事物离我们而去，但未走远，还处在“触手尚可及”的阶段时，我们是坚持还是放弃？正当我们惶惶不可终日之时，一句话如同惊雷一般出现，“坚持该坚持的，放弃该放弃的”！乍一听，真如警世名言！仔细斟酌，不由得心生疑问。在当下的一切成为定局之前，我们怎么会知道什么是该坚持的什么是该放弃的？难道该人该物头上还会标着“坚持”或是“放弃”二字不成？如果真能让我们知晓什么该放弃什么该坚持，那人生还有何趣味？不过是顺着一路的“坚持”标识走下去，又何来百转千回、兜兜转转的佳话？假如一只股票写着“坚持”果真看涨，写着“放弃”的果真一路走低，那岂不是人人都是富翁，到时候还拿教育何用，还有谁愿意去工作，只要认识“坚持”和“放弃”四个字不就已经足够？如果说关于什么该坚持什么该放弃都可以一概而论的话，那对什么不该坚持却坚持了、不该放弃却放弃了的我们应该就领悟颇深啦！我们为了职称抄袭、剽窃，放弃了为学做人的根本，我们为了谋取权术而放弃了我们的根本——学术，这些不都是很好的例子？

失恋的人或者是被失恋的人都会有着一句自嘲或者是自我安慰的说辞："以后会有更好的。"初入耳中，的确又是一句"劝世良言"。但是，我们不禁会问：所谓的"更好"指的是什么？人品更好，才华更好，还是对"你"更好？我们姑且不论以后会不会遇到更好的，就算是遇到了，那个所谓"更好"的人就会属于"你"吗？即便属于你，那个人就会对"你"更好吗？那个人就会更适合"你"吗？回到教育，当前中国大学的根本问题还是学术和权术交织在这个学术性机构的问题，我们期待更好的组织形式能够出现，能够还大学以"自由"，但是在目前这个局面下，我们是不是不应该等着这个"自由"的降临而先把手头的事情做好？在那个"更好的"真的到来之前，我们是不是活在当下更实际一点？人要有希望才能活下去，但是不能只靠希望活着，走好脚下的路，那个"更好的"来与不来我们都只从容不迫。

（原载《大学》2013年第1期）

2014：现象与真相

董云川

亲爱的弟子们：新年好！

又是新年第一天，为师又尘封了一载，你们又习染了一年。昨夜，回顾一年来的教研实践和学术生活体验，深感喧嚣的学术现象和寂寞的学术真相之间反差强烈！那些“高端”的学术“峰会”、穿梭往来的大腕儿专家、各级各类的课题申报、轮番上演的评奖活动，如愈演愈烈的雾霾般时聚时散。忽然想起一句经典的网络语言：“好久没有人把牛皮吹得这么清新脱俗了！”自查自检之余，当即响应协同创新的号召，将胡塞尔的“现象”与释迦牟尼的“真相”协同一处，创作对联一副，就此将其内置于心中、外悬于办公桌之上，第一时间与弟子们分享，以为今后学术生活的“醒酒”棒喝和诉求选择——

向上走，大忽悠，通权贵，搏资源，事里事外始终紧张折腾；

往下去，小生活，接地气，得人文，身前身后总归轻松自然。

同质化时代的小日子怎么过？学术生长的渠道如何选择？

个性化的坚守还有没有意义？显然每个人都有自己的算计和路径，子弟们各有千秋、各有求索，在世俗潮流中描绘着多元的价值图景，有人欢喜有人忧！为师所能够做到的，就是持续发出自以为准确的、在互联网时代随时会被消息大潮淹没的微弱价值信号，唯愿身边的弟子在或偶然、或必然的学术生涯成长进程中少走弯路、不走邪路、能够看准脚下的正路。虽然“鸡有鸡路，鸭有鸭路”，但不同的路径总是会导向不同的生活方式和结局。笨蛋不断去重复别人的错误，聪明人能及时从自己的错误中吸取教训，但智者却能够从别人的错误中吸取教训而不必重蹈覆辙。

有的天才夭折了，有的笨蛋发达了，均属偶然，千万别看走了眼。

现象当然不是真相——世相存在，并非真实。我们都是远视眼，常常模糊了离我们最近的幸福。2013，“十面霾伏”之下，“土豪”四起，“女汉子”迭出，“大V”滑铁卢，“奇葩”一朵朵。生活在现实世界，一年有一年的新概念，一季有一季的流行风，信息时代无时无刻无所不在的媒体，漫天飞舞的短信微信，你如何静心，是否需要静心？我们身在何处？心又在哪里？作为高等学府中的匆匆过客，师生无一幸免都置身于社会风潮的袭染之中。又逢新年，一定有人乐观有人倦怠，有人高亢有人低沉。于是，校园里不乏学子云：“念了十几年书，想起来还是幼儿园比较好混！”甚至有叹曰：“一个大学生的奋斗目标：农妇，山泉，有点田。”天呐！虽然说大路朝天，各走半边，选择什么样的生活都无可厚非，但身在学府，或长或短或多或少，总该泛起一点“精神”的涟漪吧！红尘滚滚中，师生们很有必要效法禅宗二祖慧可断臂求法，向达摩求个“安心”之策。达摩之回应的确“高大上”，他一抹光头一语中的：“将心来，吾为汝安。”时光荏苒，当下院墙之中的众生能否也如慧可般给出同一的答案——“觅心不得啊”！

实象其实也不是真相——在高等教育大发展的时代，校校争创一流，个个抢做科研，院墙内外处处呈现出繁盛景象，然而，杰出人才依旧寥若晨星，原创科研依旧不尽如人意，创新思想依旧徘徊于唇齿之间，校园上下弥漫着“唯物质主义”（张楚廷语）的气息。纵然有专项规划打造“世界一流”，还有专门策略“冲击”诺贝尔奖项，再辅之以各色“重点”、各种“中心”、各类“精品”、各路“名师”，但学术之真气却还是稀薄于大学之中，未能激荡于普通师生的心田。更有甚者，课题成为大学里人人追崇的一件物事，群体扎堆做科研成为时代的特征，甚嚣尘上的科学研究事业给科学自身开了个大玩笑！形而上的研究犹如断线的风筝，上不着天，新思想新学说千呼万唤鲜见踪迹，文人消弭，人文不在；形而下的实证研究登堂入室备受推崇，但往往成为预设结论的材料拼接游戏，只有证明，偶有证实，从不证伪，“田野调查”大多被“跑部钱进”所替代，为科学献身不经意间华丽转身为“献身于科研之学”——填表格、组资源、通关节，数篇目、量级别、跑财务。

佛说：此像非相；时下有云：犯贱是普遍真理，你我只是其中之一。

亲爱的弟子们呐！新的一年开始了，多么希望你们早开慧眼，拨云见日，能够摒弃假象的干扰、抵御乱象的迷惑，看穿现象的本质。人生本来矛盾重重，既然问题少不了，就千万别再自寻烦恼；既然还有心愿未了，就要勇于担当、尽心尽责。

世界本来自然，并不因为你的苦痛而停止转动，也不因为你的纠结而改变方向。从天堂到地狱，我们只是路过人间，因此大家需要彼此珍惜。作为高等学府里的一员，出路安在？为师并无绝招——唯有多读书，书中自有大气象；多写作，文字通达天地阔；多开心，利人利己两不误！

好自为之吧！

周宏（2013届博士毕业生，云南大学高等教育研究院教师）

学术界的情势如此岌岌可危吗？可是，人类历史上一共只有屈指可数的那么几个思想蓬勃发展的时期，每个时期也只有寥若晨星的那么几位文化巨匠，然而这仅有的几个时期、仅有的几位文化巨匠却撑起了全部人类思想史的恢宏屋宇。更多的时候，更多的人，只是在这少数人的感召下、在蝇营狗苟的日子里缓慢地觉解生活世界的意义。也许若干人世变换之后，岁月用曾经的沧桑告诉人们，我们所生活于其中的时代，思想正处在黎明破晓前光明蓄势待发的浓浓的暗，其间保持头脑冷静和道德自觉的先知也因此尤为可敬可贵，而暗夜里碰壁和迷路的人们可悲但不可耻。

对生活的反思和生活本身是完全不同的两码事。不妨盘点一下哲学家们，闭锁人格的、精神分裂的、性向异常的、生活作风为人诟病的、欺师犯上的、跳脚对骂的大有人在。难得一位顾家好男人弗洛伊德，研究取向和学术观点又剑走偏锋，遭受了多少背地里的指戳和白眼。所以，看起来光鲜的未必真光鲜，听起来鄙俗的未必真鄙俗。“农妇，山泉，有点田”不好吗？止步于“外貌协会”以外，心向自然，追求简约，难道不算洒脱飘逸的生活愿景？不耽美色，难道不更接近思想者的生活选择？——幼年失怙，情爱失谐，传说许多哲学家都是这样炼成的。

世界是否可知以及如何为人知的问题，长期以来一直困扰着人类。从“现象”到“真相”，必然经由一次人的主观还原，“现象”能否到达“真相”则依赖于以上悬而未决的终级谜案。安心之法的前提在于知心之所在，明明二祖慧可困顿于“觅心不得”，达摩反说为他“安心已竟”。“本来无一物，何处惹尘埃？”借助六祖慧能的偈语似乎更容易参透一丝达摩安心法门的深意。

在“现象”与“真相”的错位与挪移中，体会生活世界的双重意义，也会是一种神奇美妙的经历。进入2013年，尤其是下半年以来，在QQ空间里耗费的时间明显越来越少，因为好友们越来越疏于空间更新，一度以为大家怎么约好了一样齐刷刷地忙起来。年底的时候，在遭遇了N多次“奥特曼outman”的嗤笑之后恍然大悟，原来大家都转战微信去了。于是，没有微信账号的人就这样在QQ与微信“平行时空”的夹缝里偷得浮生半“年”闲！但这也未必是真相。有人不用微信，感觉生活很清静；必然相应地，用微信的人们享受着升级版即时通信软件带给生活的丰富多彩。孰对孰错，没有定论。但那清静自得的感受和享受多彩生活的惬意，却无疑都是真实的。

佛说：“凡所有相，皆为虚妄。”诗云：“心安是归处。”

我想，正道沧桑，一切会好……

黄艳妮（2012级教育硕士）

时间如流沙一般从我的指缝滑落，是指缝太宽还是时间太窄？一生有多长，也许就是一朵花开的时间，我们终抵挡不住岁月挡不住光阴。前一刻，董老2013年的教诲还回荡在耳边，后一刻，2014年的寄语就接踵而来。恍惚中，一年就这样在我面前翻了AB面。扫描365天，我用我的平常心过得不悲不喜，不骛不惧。欣慰中，我希望这样的自己是幸福的。我能为自己的每一个决定负责，能为每一次的成长而自我肯定，能为自己拥有的而自豪，也能为自己失去的而去总结。

如2012一般，我终未将2013年谱成神曲。站在时光的十字路口，回望过去的林林总总，有起伏，有变迁，有黯然失色，也有笑意盎然。生活总在变化中不断向前，我也在时间的洪流中渐渐成长。这一年，我遇到了各种各样的人，也算于我平淡的求学生涯中增添了不一样的色彩。每个人的际遇不同、格局不同，便注定了在人生的旅途中会看到不同的风景。谁都是凡夫俗子，都在世俗的泥淖中扑腾着。有的人天生是带给你温暖的，有的人注定要来给你上课的。感受过真情、贴心、关爱与在乎，也经历过流言、诬陷、焦躁和不安，才发现愚笨的我在过多关注别人的世界里迷失了自己；也懂得人生路，无论拥有还是失去，并不处处都如人所愿，太计较，累的总归是自己。

董老常说："做一个出类拔萃的人，做一个让人感动的人。"这些话语总会于我低沉迷茫时拨动尘封已久的心弦，激励我继续前行；也让我在最深的红尘中懂得守住最初的萌动与欣喜。智者的点拨终会给人以顿悟，做最好的自己才配拥有更好的未来！

"君看今年树上花，不是去年枝上朵。"手执时光，漫步岁月，花还是花，花已不是花，今日的花也不是昨天的朵。人生路上，要自己给自己正能量。心中有爱，看世界的眼睛才会纯净，感觉才会温暖；心中有恨，看世界的眼睛也会有杂质，到处都是丑恶。生活的好与坏，人生的幸与不幸，环境的优与劣，一切都取决于自己的心态。在这个人人骈死于槽枥、彼此相忘于江湖的时代，但愿自己始终拥有一颗纯粹的心，保持住它的底色；抑或将自己陷入一本光影流年中，在翻看那些依稀的旧梦时，心中荡漾的永远是感动！

新的年头，人人都在祝福马上有什么，“马上有钱、马上有房、马上有车、马上有……”如若真能实现，我则希望马上有爱，能用真诚的心爱自己、爱他人、爱世间美好的东西，也能得到他人的关爱、疼爱和真爱!

金寿梅（2011级博士生，台湾桃园县同德国小主任）

雪梅寒霜，仰企良殷。

又到了蜡梅盛开的季节，正当回念在课堂聆听教诲之情景，就立刻接获师长在万里之外递来的电子邮件，只感万分惊喜！细读寄语内容，秉承教诲，着实感愧交集。学生在台湾独立研究，荏苒经年，虽然事务繁忙，不过学业未曾怠废；每次都能够将理论研究心得检证于实务，印证师长理论时，往往都有丰盛的收获。

倘无师长栽培之勤，学生不会有今日独立思考的能力。饮水思源，感激心头，益增惕厉耳。师长在书信中开示：“往下去，小生活，接地气，得人文，身前身后总归轻松自然。”谆谆厚意，敢不敬从！学生明白学术堂奥纵然博大高深，但是如果有志钻研，总是会有窥豹一斑的时候。对于师长传授的学理，学生常与在台学长及同窗联系讨论，彼此相处亦融洽。学生每有顿惑则会主动邀约学长研讨，闲暇时也会聚会，借游览山水畅谈学术，切磋琢磨，砥砺精进。

世事烦扰，假象蔽目；潜心学海总得悠游自在；笑看人间，多有明心洞察。学生今尚得持明心一点者，全仰赖师长之所赐。钟声催人，容后详陈。讲余有便，祈 时锡南针，俾有遵循。岁暮天寒，朔风多厉，伏祈 珍摄。肃此，敬请教安！

王颖（2013级博士生，昆明理工大学教师）

2014的第一天和往年一样，在和煦的阳光下又收到了老师饱含真情的新年寄语。毕业多年，而今重返师门，成了一名博士新生，为此，我将再次认识自己。

从德尔斐神庙石碑上“认识你自己！”的铭言、斯芬克斯之谜到苏格拉底“我是谁？”的追问，至今已耗费了哲学家们多少精气神，答案依然悬而未决。其中，颇受启迪的是海德格尔的描述——“人”应该是人，不是动物；人应该是有自我特点的人；人的本质应该是向思的。

从理论上说，人有超脱他人回归自身特色的能力，因为人本身的特殊性，决定了他最终会回到和别人不同的自己。但是，现实中的人对此却是困惑和犹豫的。官场、市场和学场，每个“场”都应该有不同的主角，可是人却总喜欢自不量力地挑战不擅长的领域，以此来证明自己的“无限可能”。于是，他人当官我也要弄顶乌纱玩玩；今天你挥金如土，明天我也得珠光宝气；别人学养丰厚，我也想方设法捧一纸文凭作“博士”状。恐怖的是，这股“充满追求”的世俗龙卷风早就袭卷进了大学，“样样好”和“样样红”也成为大学中各类人（学者和行政人员）自我定义成功的坐标，于是就有了“模糊的象牙塔和远去的大师”（董老师语）之幻相。

此时，您再次对学场上的我们提出了要求，我认为这就是想让作为学人的我们自我觉醒。说起来容易做起来难，我们在现实中仍然难免迷失。这显然不完全是学人的错。有史以来，中国文化人立足的根基就是寻求主流社会的价值认同，而社会则总是把“力”和“利”置于“理”之前，几千年氛围的熏陶，想做一个静心和安心的学人真的需要超凡的定力。

可是，还好，有卡玛的话陪我前往，时常于心底隐隐泛起照亮前路的微光：人生是一场修行，路的尽头总有礼物！

张志贤（2013级博士生，台湾桃园县大园乡公所民政课课长）

腊鼓频催，天寒地冻，一年又过去了。回首这个年头，到处充满“假”象。现今是个闷锅的时刻，大家都闷着心情，准备敞开胸怀迎接必定好的一年2014。年度交替，2013对吾绝非乏善可陈，反倒是精彩万分。进入云大攻读博士是我人生一个“大转折”“大关键”“大门槛”的挑战，此一转折将会铺排我人生下半场的剧集。

台湾社会正面临快速老年化、少子化的双重袭击，多数教育学者呼吁主张，人才培育应分工，未来应整合相关单位建立完整的人力资源调查体系，制定出产学无缝接轨的人才培育方式，让大学毕业生的生产力加倍。一方面，各方都在抢夺台湾的人才，而台湾教育所面临非一日之寒之问题，隐含的是即将爆发的困窘，台湾培育的高教人才可能锐减，培育出的优秀小孩未来要留在台湾发展又变成一种奢侈的想象，楚材晋用的现象已经变成不可挡的趋势。现象如此，真相难辨。半百人生，还有奢望，只恨少小不努力，但对秉持“终身学习、学习终生”之态度，始终不敢懈怠。

就个人工作的环境而言，压力充斥于每天的节奏中，如董老所言：“世界其实简单，只是人心复杂，人心其实简单，只是利益分配复杂。”社会其实不复杂，无论个案事件、集体事务，归根就是需要“教”，但偏偏我们的教育环节就是“教”得不够好，就是“育”得不够彻底。因个人工作关系每每于社区走动交流，感到社区之生命力活跃，总是让人感动交织希望无穷，这些不就是教育的果实吗？苏联的教育学家苏霍姆林斯基曾说：“道德教育成功的‘秘诀’，在于当一个人还在少年时代的时候，就应该在宏伟的社会生活背景上给他展示整个世界、个人生活的前景。”这段话道出学校教育接续终身成人教育的衔接关键，只有每个教育阶段都扎实社会才能更精进。想想这不就是教育现象及真相给的警惕及示意吗？因此，虽说想跟教育学说爱你不容易，但教育学你却不能不爱它。

从事公职近三十载，能与董老随行真是有幸，三十年资历加上董老“超然三界外，逍遥五行中”的开悟，云大面授返台之后反复琢磨，细细品味，政界、商界、学界，无一可不奉为圭臬。若能依循儒学蹈矩之说，再有老子自然而为之术，加入法家之不苟态度，三者只要熟稔践行交替互用，便可有近山识鸟音、近水知鱼性，而达通权贵博资源之效果，官场人生，似梦缥缈，现象与真相真是放诸四海皆准啊。

真的很感谢董老新年寄语，适时给我于整日忙碌的公务混乱思维中，浇灌了偌大的清流价值，窗外虽天寒但心里头温暖，景色虽是地冻但脑袋里思想不停跃动。明知选择终身进修、攻读博士这条路，肯定问题不少，但能受董老扶持鞭策，自然而然再次提醒自己继续努力加油吧。

马年了，是骏马就该奔腾！

徐娟（2012级博士生）

眨眼又到新年，董老话语的字里行间总是饱含着对学子们语重心长的规劝和殷切企盼。

我们都身处一个浮躁的年代，无论承认与否，“追求利益的最大化”俨然已经成为当下社会中心照不宣的游戏规则，效率也日趋主宰了每一个人的生活，一切活动都沾染了急功近利的色彩。正如王蒙所说：“速度与数量变成了真理、科学、艺术、成功与否的主要衡量标准，变成了精神产品的首要追逐。”即便是最圣洁的教育领域，有“知识殿堂”“象牙塔”之称的高等学府也难以幸免：在轰轰烈烈的“学术大跃进”的亢奋与躁动之下，学术现象与学术真实混为一谈，铺天盖地的科研成果在一片“繁荣”表象之下顿露出苍白的本来面目，所谓学术研究的技术路线已经演变为媚俗而功利的操作路线。而院墙之内的众多学者与学子们，也不再甘心饱受清贫与寂寞，最终在社会大染缸的不断浸蚀之下，自我放逐，丧失了知识分子应有的那种不屈不挠、卓然特立的风骨与品格。可喜的是，2013年，我国已经跃居全世界论文产量第一，然而，更可悲的是，高产之下的学术创造力却严重萎缩。

在教育学术界的真真假假面前，董老的告诫警醒我们适时躬身自问、明辨是非。正如周华健在一首歌里所唱的：“飞越迷雾，把生命看清楚，明明白白掌握你的路，经过跋涉之后你总能够，拨云见日重回到最初。”然而，谈何容易。

人生如此短促，烦恼却如此繁多。佛经有云：众生有八万四千种烦恼，亦有八万四千法门给予解脱。事上本无事，庸人自扰之。人之所以会徒生烦恼，是因为还未洞穿真谛。唯有登高，方能极目，只有坚守自己的梦想，积极进取，乐观豁达，方能超越当下的得失、荣辱、贫富、尊卑，最终获得难能可贵的道德幸运！

想到这里不禁心里一慌。“盛年不重来，一日难再晨。及时当勉励，岁月不待人。”得抓紧了，唯有珍惜当下，才能幸福一生。

张琪仁（2012届硕士毕业、在读博士生，云南大学高等教育研究院教师）

2013年9月25日，国家主席习近平向联合国“教育第一”全球倡议行动一周年纪念活动发去视频贺词，表示对“教育第一”的坚定支持，并承诺要努力让十三亿人民享有更好更公平的教育；11月9日至12日，中共十八届三中全会举行并审议通过《中共中央关于全面深化改革若干重大问题的决定》，七百二十三个字推开历届三中全会对教育领域力度最大的一次改革；11月28日，中国人民大学等六所高校章程经教育部核准发布实施，中国高校迈入宪章时代……每一个时间都似乎站在事件成为历史的开端，却又袅袅回应仿佛能够看到现在的过去的企盼。

历史之所以富于魅力，就在于它气势恢宏又真实琐碎，它穿过了日光又历经了黑夜。好比西南联大在中国高等教育史上留下浓墨重彩的一页，却在画下句点时撕裂、辛酸。1946年5月正式开始的北迁之路从准备阶段就一路嘈杂、一路凌乱。但无疑，当“历史”不只作为简单的说教素材而鲜活地呈现时，内心总会有一种似曾相识的“共振”，这样的“共振”或是对“期盼久久”到来脚步的阵阵悸动，或是对“预料之中”势不可挡的心潮暗涌。这呈现，最好的方式，即是你亲历它的发生、发展。2013或许可以算是这样的一年……

真相和真实总是难以甄别，而这剪不断理还乱的甄别与真相、真实本身却又都是那么弥足珍贵。《南方周末》三十周年的新年献词说：“每年新年，我们都在……这里向你剖白。剖白是为了沟通，沟通是为了理解，理解是为了共识，共识是为了同行。”剖白的尴尬、困窘、痛苦、阻力让多少咬牙跺脚的“满血复活”变“累感不爱”。

但不管是徐徐回望中的遗憾和震撼，还是翘首企盼中的“忽如一夜春风来”，我都充满热忱，因为教育比其他任何事情都需要理智的行动与热血的灵魂！

李雪（2013级硕士生）

第一次看到老师的新年寄语，不免感慨万分。回顾刚刚逝去的一年，太多的悲喜交加，心中从未有过的五味翻腾，求学路的梦想成真无疑成了2013年最令人喜出望外之事。如今的我，虽“身陷”高等学府，却从未走远。也许这是上天待我不薄，可怜我这“苦孩子”；或许是时代的沾染，连我也被纳入这幸运儿的行列。

社会前进的步伐太快，追得我疲惫不堪。心碎之余，一个念头突然闪现，对自己说：“勤勉起来，还有很多你不得不做的事情在等着你。”哦，明白了，我“被”生活了。曾经问过老师：面对纷繁复杂的社会，自己如何脱身？师答：“贵在本心，可选择，求放心，本真的东西才最重要。”于是乎，一颗叫作“梦想”的种子，深埋于心底的它，使劲全身气力，穿透五脏六腑，开始萌发，它告诉主人，请跟紧我的脚步！终于，梦想敌不过现实，它刚一萌发，就被击碎，最终迷失。有道是“雾里看花，水中望月”，虽真真切切，却又充斥几分缥缈。

“生命是一场赛跑，唯有坚持到底的人方可看到胜利的曙光。”话虽如此，但驱动力何在？心又在哪？答曰：行随心动；又问：路在何方？路在脚下。

原本以为自己可以“不闻窗外事，只读圣贤书”。当2013年倒数第二天来临，一天内历经百转千回之后，想想如今也该知足。“松鼠林间闹，梧桐亦然坚。”也许，人本该做一棵高大坚挺的梧桐树。“大象无形，荣辱不惊”，说出这话，又觉几分好笑，吾非木，安知木本心？如若吾与木本为一体，真亦假来假亦真，真真假假又该如何做解？也许，恰是短暂的路过，才会对其心生感念。“越近越看不清”，当自身陷入专业学科学习的困境中时，期盼有高人指点，殊不知，自救者天亦助。

老师“棒喝”之下，忽然明晓：殊途同归最好，无须强求，脚下的路还需自己走。抬起头，挺起胸，记住自己许下的承诺：永远不要依赖别人，即使是自己的影子，也会在黑暗中离开我。坚定步伐，一路向前，纵使头破血流，粉身碎骨，始终相信，有心在的地方，就有梦想；有梦想的地方，就有远方。我们所需做的，就是“求放心”！

自自然然，便也轻轻松松。

李宁（2013级硕士生）

透过时间的陈酿，我们看到了新年的爆竹，还有绚丽的焰火，更有花蕾里绽放的希望。回顾这一年，在求学与生活的路途上，我也避免不了急躁、胆怯、妥协，甚至迷失。虽一路搏击过来，却也有着无奈和纠结，但庆幸的是还能够踏在更高一级的学习之路上继续行走着。

我一直觉得我们要把求取幸福与谋生区分开来。求取内心的幸福，并不是靠谋生的方法来获得的。“财富如同海水，喝得越多，人越渴”。要想幸福，在于心。偈语有云：“我有明珠一颗，久被尘劳关锁，今朝尘尽光生，照破山河万朵。”其实，我们每个人原本都是快乐的，正如小孩一样。而许多人之所以不快乐，终因被大量外在的诱惑、内在的虚妄所染化，蒙蔽了本性。正如买东西一样，最幸福的感觉是在去买东西的路上，买到后即刻消失。我一直不赞成现在的成功励志教育，首先这种成功者少之又少，每个成功者的道路和方法都是难以复制的；其次，我们看到的更多的是成功者成功之后的光鲜和璀璨，而较少关注成功者成功背后的努力和不易。现在的成功励志教育是一种舍本逐末的方法，最终的结果是造就了少数明星和更多的失意者。

其实，我们无须舍近求远，获取幸福，我们只需反求于内心即可。看清自己，认识自己，让心深深沉沉地平静下来，把自己做好。端正心态，不妄想、不妄动，陡然发觉，原来世界很快乐，自己也很快乐。这时再去行动做事，不论成功与否，一切都很自然，在求索的过程中就会收获幸福。心到即是佛，心不到即是众人。

范益民（2013级博士生，河南安阳师范学院教师）

董老的新年“贺词”如期而至，细微之处能感受到对弟子们的悉心呵护，言语之间透露出温馨关怀，以及对当前学术生态的深刻辨析。反复揣摩，借机回应，将自己过往一年的心事吐露一番。

结识董老已三年有余，每每在纠结、紧要之时，总能得到及时的点拨。学生愚钝，坦承对在学术之路上能够前行多远，实在没有太多的把握。好在，在董老的悉心照料下能在如此浮躁的学术环境中，潜心反思研习一点所谓的学术，已万分庆幸。大有一念放下，万般自在的感觉。

出世与入世本相困扰。大学本有道，但是在功利主义、工具理性的支配下，各行其道者无不交融于大学之道中，大学反倒无道了。吾辈作为大学生态系统中的一个细小生物体，何尝不受感染！幻想中总想要找到一个既有传统文人墨客的风骨，又有入世者的潇洒倜傥的契合点。我想担当，对时代责任的勇于担当；激情，对教育事业的如火激情；反思，对传统与现代困境的深刻反思。静，再静，静能生慧。就让我在这浮躁的环境中修炼好“静”功吧。

放下与放弃的较量从未停歇。放下是大度、是胸襟、是气魄，放弃是胆怯、是懦弱、是退缩。放弃的应该是世俗官场对学术志业的干扰，是短视狭隘对理想抱负的强力束缚。而现实中恰恰正是这些放弃之物，成为我心中最难以释怀的东西，如贪欲、如魔法，让我如痴如狂，让我总在世俗世界中循环打转。放下是人生的最高境界。但是，三岁小儿都知道，八十老翁行不得！

为谁活，如何活，活得怎样？在我的脑海中，已经追问了无数次，总未说服自己。恍惚间，在董老的新年寄语中，似乎体悟到了说服自己的理由。

一年又一年，董老对文化道统的那份持守、对弟子们的殷殷之情，无不体现出真学者心中那份强大的自信和面对纷繁事物变局时的淡定与从容。

吾愿追随始终！

（原载《大学》2014年第1期）

2015：千万别“失联”

董云川

亲爱的弟子们：新年好！

2014年最后一晚，记起了“新年寄语”的承诺。凝神静坐，想说的太多太杂竟不知如何落笔。只好开机播放马斯涅的小提琴曲《沉思》以为导入。静、安静、宁静——思绪由此展开，落笔不当之处，均属意识流乱为，将就听吧……

1957年11月17日，伟大领袖毛主席说：“世界是你们的，也是我们的，但是归根结底是你们的。”青年们闻讯无不群情振奋，欢呼雀跃，热泪盈眶！2015新年将至，愚师也想对弟子们转达几句励志的话，但话到嘴边，还是忍住了，因为忽然意识到：世界是你们的，也是我们的，但归根结底，谁的都不是！——此处无需鼓掌，只待觉察与反思。

“世界”本来虚幻，“当下”才是实体！错过今天，明日无存；此处不接缘，何方觅善果。个体生命极其短小，而“下一次”和“别处”总是诱惑无限。我相信每一个青年学生都是胸怀世界的，硕士生比本科生，博士生比硕士生，一个比一个的心念更高、更远大。大家都想过热闹的好日子，而忽略了此前寂寞难熬的艰辛；人们只观察到各种利益收获，而不知道后台的交易成本；社交场合的欢声笑语，遮掩了各自怀揣着的那本难念的经！高等学府中不停地颁发着千百年来少有的教学科研奖励，但依然少见神采飞扬的学者；校园学堂里到处有学生对读书做出的种种承诺，却越来越少见下笔写字的兑现。从《江南Style》到《小苹果》，铺天盖地的流行，“潮”而“浅”（此处强忍住笔墨没有用“俗”字），真正值得肯定的无非是宣泄释放之功效！相比而言，“失联”一词就深刻而哲学得很！多国参与对MH370的执着搜寻历时数月，情形悲壮超乎交响乐章，至今未果。知道而找不到谓之失联，既不知道更找不到是严重的失联。对照自己以及教育生态，说得多做得少是行为上的失联，心神不一是认知上的失联，失魂落魄是精神上的失联；知行两分是为个体及个体间的失联，而形聚神散是组织与组织间的失联。当下众生因局限于“无明”而致自性的迷失，因执着于“我相”而致法性的阻滞。“马航”的千古绝唱成就了这个内涵丰富且具有现代性的词语。时至年末，“失联”终成主流媒体视域下当之无愧的年度关键词。

2014，你失联了吗？2015，你会失联吗？继续这个问题与航空业无关。在课堂的发言段，在课后的论辩时，在图书馆的寂静处，在阅读与写作的字里行间，在学术的最前沿，在同事手机里，在老师的脑海间，在朋友的心坎上，在亲人的念想处，你持续安在否？因为不在场不到位，许多人难以面对，也无法回答“在与不在”的基本问题！

同一年，另一个值得吾辈注意的热词出现在教师节后，那就是“好老师”。多么质朴而又稀奇的字眼！领导人慧眼独具，教育界蜂拥而上，四处寻觅呼唤“好老师”，蔚然成风。

回眸千年，中华文明史上好老师数不胜数，其中三位超越时空得到了普遍的认同，成为儒、道、释文化（现在称“精品课程”）的代表（现在称“学科带头人”）。他们是官场推崇的孔子、坊间推崇的老子和众生推崇的释迦牟尼。如果现身于当下，不知道会不会被评聘为招摇过市的“省级或国家级教学名师”，入选“鲁国中青年人才工程”“周朝重大攻关项目负责人”抑或“舍卫城副部级院士”？这不是一个调侃的问题而的确是一个无比严肃的问题。仔细一想，他们除了共同的伟大之外其实完全不同——孔子是个想当干部的好老师，老子是个疏离干部的好老师，释迦牟尼是个由干部转型的好老师。用今天的标准进一步衡量，发现孔子是个教学型教师，老子是个研究型教师，而释迦牟尼是一个外聘的客座教师。三圣起心动念差异，发展路径迥异，结局后果大异。值得后人深思！何去何从，认真学习，勤快模仿，各自考量。

探究教育真谛是本学科所有人的职责，而做一个好老师只是部分人的愿望，希望弟子们勇于担当，以不可替代的实力和过人的品质展示你的存在。否则，即便你曾经现身于某课堂、某大学、某城市抑或世界的某个地方，就从来没有、以后也不会有意义！

因为网络，学生与书籍失联；因为校区分割，学生与老师失联；因为手机故障，朋友与朋友失联。老天爷，心与大脑失联就会失去方向，心与身失联就会失去依托，心与灵魂失联就会无所皈依！

不要为平庸找理由，请别对我说什么身不由己，其实本来就是心甘情愿；主动性不是被人剥夺的，根本上是自己放弃的。否则就不会有“三军可以夺帅，匹夫不可夺志”的古训。岁末年初，为师不得不提醒各位弟子：弄潮儿必被潮（嘲）弄，随波逐流者，结果一定会被时空稀释殆尽。新年到了，放下脑补过度的自拍照，还想做个好学生吗？亲近善知识，千万别和好老师失联！挣脱伪学术的束缚，还想做个真学者吗？远离伪学圈，千万别和真学术失联！

琴声落处，流淌出对教育品质的无限忧思！

金寿梅（2011级博士生，台湾桃园县同德国小主任）

2014年在倒数的呐喊声中成为过去，台北101大楼的烟火璀璨，“羊羊得意”的2015依约到来；翻阅师长历年云翰，当中珠玑犹如阒夜火花，每每能为徒儿祛除内心蒙昧。

2012，董老明示了对徒儿们的“放养策略”，挂心的是我们能否“像个研究生的样子”。2013的训诫言犹在耳：“一息尚存，从吾所好”，提醒吾辈时刻检视成长路径。2014进一步导引：“往下去，小生活，接地气，得人文”。谆谆厚意，敢不敬从！世事烦扰，假象蔽目。学生今尚得持明心一点者，全仰赖师长之所赐。

细读今年教诲，平静生活再次激起乱流。提醒吾辈，要以不可替代的实力和过人的品质展示自己存在的价值。运笔至此，无限惆怅……

行胜于言。冀望师长日后忆起徒儿时，心是暖暖的，嘴角是上扬的。庆幸有恩师盛意垂训，寿梅在枯燥寂寞的学术研探中备感温馨，无时无刻不系念与恩师心有默契。

于秋月（2014级教育硕士）

老师跨年一问，实难回答！

教书十年，而今重返大学课堂，当自己做出读书承诺，而未有文字见诸笔端之时，确与诚信擦肩而过了，尽管我深信

"不得于心者，固不能笔之于手"；当我只能仰仗对事物的理解来做事时，就与比拼记忆的年龄失之交臂了，尽管我在那个应该努力镂刻属于自己的逻辑和视角并构建自己的理解和判断的年龄里也没有做好。

重归校园为的是找回迷失的自己。但，现如今的在场不到位，不为平庸寻找借口而探究根源的痛楚，让我联想到一句俗话："人，就像庄稼，什么时候就得干什么时候的事。要是耽误了农时，补都补不回来。"

做个好学生，认真读书读好书；做个好老师，还原知识的本真，做对的事，揭示真相真理，是归真。亲善知识做真学者，敢于"无声"处呐喊，避免集体无意识，守住学者良心的底线，静候时机的成熟，是归真。为"在场"找到理由，而不让"曾经来过"成为自我慰藉的借口，是归真。

幸有老师的鞭策，新年我不敢承诺，情愿归真！

赵国润（2012届硕士毕业生，太湖大学堂吴江太湖国际学校教师）

又获恩师棒喝，汗如雨下。深恐己之无行无德无担当，偏安一隅，任时逝水涸而不自知。仅记三事以自砺，与诸同侪共勉之。

其一，常读经典，莫和千年之文化失联。泱泱华夏，数千年之传承，其间珠玉何止万千？历史长河之实践，往昔圣哲之经验，政经文教，无所不包岂虚言？若不能上承千年文化之"软实力"，为往圣继绝学，何以为生民立命，为万世开太平？时有中华民族之国运启昌，吾辈当持治国平天下之志，星火燎原之恒，勤读中华之经典，学以广才。

其二，常助亲友，莫和现实之人生失联。苟有利国利民之志，若不能从身边之点滴做起，念念为善，事事在行，时时担当，从常助亲友做起，自利利他，何以培万里之风，积远行之粮？且放开手机计算机，与众师长亲友，常聚常欢，互助互勉，自然“正能量”充满，吉神随之，喜神伴之，和乐且耽。吾辈当高高山顶立，深深海底行，众善奉行中。

其三，常自观心，莫和真实之自我失联。声色犬马，广告铺天，可曾叹人有我无？物欲熏心，明镜蒙尘，何处可得心安？物不格则知不至，知不至则意不诚，意不诚则心不正，何以修身？

思绪往来不定，前念已去，后念未来，当下已过，无常中孰以为我？常乐我净，何以重联？可曾失联？常自观心，起伏来往由它去，本自清净。知见无见，冷暖自知何为主？本自具足。

黄艳妮（2012级教育硕士）

2015年元旦，深夜两点，台北，参加完跨年演唱会，过马路时随着“咣当”一声，手机落地的一瞬，我被失联了。至此，世界安静了很多，没有纷繁的八卦等着我去挖掘了；也不再关注发代购的、发吃的、无事呻吟、晒各种照片的朋友圈了；不再被各种消息如流般地充斥大脑；也不再沉溺于每晚睡前刷微博、刷朋友圈的陋习。才发现这个长不过六寸的小玩意儿竟占据了过往生活的多数时间，无论我在哪，在做什么，它如影随形。而今，吃饭时，不再把玩手机，竟吃出了比以往更香甜的滋味；走路时，不再听音乐，可以有时间欣赏沿途的风景；睡前醒后，不再搜寻手机，可以思考一天的得与失。有了更多的时间，与心灵进行对话。“生命的唯一目的是要变得更好。”这个“更好”，不单是外在的美好与物质上的充裕，而应该是心灵上更美好、更成长。原来老天在警告我，已经很久没有审视自己的内心了。

学问是什么？成果又是什么？以前，我肤浅地认为是人前风光，是位列前茅，是侃侃而谈，是谈笑风生中的那种满足。时过境迁，懂得自己的陋薄，才发现是华丽外表下，一颗虔诚与坚韧的心。不需要荣耀，无须别人的羡慕，只求自己平常的心与静静的思考。内心的从容、自信与淡定才更重要。

转身，微笑，用爱在岁月中修行，让心在辗转中安然。淡定看人生，宁静做自我。透过指尖的温度，期许岁月静好！

杨翰馨（2012届硕士毕业生，云南国土资源职业学院教师）

“新年寄语”这个通俗的词语被董老硬生生打磨成了开年大礼！元旦这天，打开邮箱，一定如约而至，等待我们怀着不同的心情去品读。

真庆幸总有那么一些人在不尽如人意的教育现实中耕耘守护着心灵的净土，让我们回眸时依然能够辨识桃花源的轮廓。如此饱和而深刻的体悟，足够酿就一次不喧哗、不张扬的情感与思想的窖藏，并将这一坛醇厚与内劲封存在生命中。这种从内在散发的清觉智慧是一种指引，冥冥中牵引着精神的主脉让身与心、灵与魂有所承载、有所皈依。

既然觅得真心，就要潜心跟随。很喜欢这样的一句话：“种一棵树最好的时间是十年前，其次是现在。”再延误，收获的时节就错过了，而我们如何能一直放任地去辜负时光和自己呢？

重新开始吧！

邱学华（2013级教育硕士，武警昆明消防指挥学校学员队队长）

一年的时光匆匆得像流水奔腾的影子，还来不及细看，它早已无影无踪。赫拉克利特说：“人不能两次踏进同一条河流。”是的，当年考研面试时董老的鼓励犹在耳边，不觉间研究生学习生涯却已过半。一转眼间，学业的负重感替代了轻松的时光！此刻面对着紧张的论文开题、不断的PPT修改，有时也手足无措，常常感叹真是书到用时方恨少，从前习以为常的学长们苦读学术经典的画面，原来如此珍贵。

工作繁重、基础薄弱，学业要求扑面而来，压力山大！唯有努力学习，跟随董老闯荡“江湖”、驰骋“沙场”、共避风雨、品味河山，长见识、见世面、练口才、强素质，努力在师长、同学的扶持、鼓励下不断充盈自己，心才会找到安放的地方。

读研感受痛哉、快哉、乐哉！真正心安理得的，是能够和闪光的人同行，时间久了，心明而眼亮！

宋亚萍（2014级硕士生）

真好！曾经在事外、今日在事中，可以亲自承接老师的新年寄语。

一直以为好老师没有统一的模式，可以各有千秋，但首先必须是“真老师”，直到有人用海德格尔来驳斥我，才引起了我想涉猎海德格尔的冲动。乍一看，真是彻底颠覆了我对某些事物的一贯认识：他说“世界是作为此在（我们自己）之为了整体性而被此在自身带到此在面前的，是此在在为了自身的生存中展开的世界”。通俗讲来，即世界并非我们通常认为的那般模样，不是先于我们而存在，不是像一张白纸一样静静地躺在那里，等待人们去填充色彩，而是随我们一起到来，一起消亡。就连“真理”在他看来也变成了一个饱受形而上学浸淫的概念。真是不可思议！

2015，无论是在坚守“真理”的路上，还是在颠覆“真理”的途中，抑或是在这两者之间摇摆徘徊，我都会在场，作为一个爱较真的人，我无处可走！也唯有如此，才觉心里踏实！

王颖（2013级博士生，昆明理工大学教师）

又一年，我们抑或因翻越过许多高山河流而欣喜、充实，抑或因只是围着“磨盘”走过了一圈又一圈而黯然、失落。回首检审，还有几人能保有出发前的那颗初心？

去年是追问“去哪儿”的年头，迷失与找寻和这一年结下了不解之缘。看到老师的寄语，反叩内心，才发现已经和梦开始的地方渐行渐远了。大学里的每个师生本都是怀揣着梦想一路走来的，只是走着走着，时间长了，沿途的风景多了，初心也就淡漠了。心不在，梦还会在么？

黑格尔认为，教育的所有意义，都不是一种为了外在目的的手段，而首先是以自身为目的，教育是人性实现的内在过程。反思自己的求学初衷，也曾是那样的纯粹和令人神往——记得夜读后从图书馆回到宿舍的充实，也记得拿到硕士研究生录取通知书时的兴奋，更记得选择读博时的坚定与执着。想到这里，竟已热泪盈眶，为当初的虔诚，也感慨现在的迷失。白岩松说当一个国家要靠呼吁来唤起阅读时，是一种堕落。

以此类推，当一个以学习为主要任务的学生，特别是博士生，还要靠各种外因的激励来坚持学习时，也该自以为耻了吧？我们好像总是灵活和变化有余，而固守和坚持不足。如果大学、校长、教师和学生，都能在漫漫征途中不忘自己从何而来，小心呵护和固执自己那份纯粹的初心，现在的景象应该会是不同的；如果我能寻回初心并执着坚守，梦想也许会更近了。

董老当属勿忘初心的表率，认识您十年，您对教育的痴心不改。这不仅需要勇气，更需要底气。

卢颖（2014级教育硕士）

子曰："于止，知其所止，何以人而不如鸟乎！"夫子认为，鸟儿尚且知道找一个栖息的林子，人怎能不知道自己应该落脚的地方？你是鸟儿，就不要羡慕鱼儿会游；你是鱼儿，就不要羡慕鸟儿会飞。但这还只是形体的部分，不是追求所在。精神的"知其所止"，才是通往"止于至善"的路径。

反思现有生活状态，是因为选择所以存在，还是为了存在而做了选择？学生以为，所有的存在，都只是自己主动或被动、有意或无意的选择而已。李白有经天纬地之才，却选择了尔虞我诈的官场，以致怀才不遇，潦倒半生。陶渊明却远离官场选择了隐居生活。虽也穷困潦倒，但在自耕自足之中得到解脱，至少身心是愉悦而安详的。同样的境况，不同的选择，却遭遇了不同的人生。

追梦之路要么转弯，要么直行，不管结果如何，一切都是自作自受。若能如此明理淡然，就有可能跳出"红海"大战，找到"蓝海"策略。

老师放心，徒弟自会适时选择，用心坚守。

黄湘超（2014级硕士生）

回想从小学、中学到大学，一直以来萦绕在我身旁的是长辈们孜孜不倦的教诲和无法穷尽的责任。而我总是习惯于聆听他们的教诲，习惯于完成安排好的任务，习惯于接受别人的给予，习惯于跟随前人的步伐。忘了反省，忘了自我，忘了付出，忘了改变。

老师的寄语使我幡然醒悟，过往的习惯导致了自己心与身、心与脑、心与灵魂的脱离。当我自我陶醉于自己限定的小圈子里的时候，却不知道我早已成为他人的“风景”。此刻我真切感觉到了丝丝凉意。看来必须得打开心中的枷锁，开始改变了。否则，被他人嘲笑只是一时，被自己鄙视可是一生。

知道自己想要什么是福气，放下自己不需要的则是勇气。“过往不恋，当时不杂，未来不迎”是前人留给我们的金玉良言，曾经把其视为自己的座右铭。但身为凡夫俗子，我却总想“恋可恋之过往，杂可爱之当时，迎美好之未来”。事实证明这只是错觉而已，生命品质的钥匙握在自己手中！不必缘木求鱼，只待觉悟与行动。

徐绍华（2013届博士毕业生，昆明理工大学教授）

2015寄语又到，阅后心潮澎湃，激情又起。想起董老在我读博四年间的打磨修理和谆谆教诲，由衷对他的执着点赞！

面对频繁的社会现象，我不停反思：自己是否也存在与书籍失联、与教师失联、与亲友失联、与心灵失联的行为？沉默当然不是最好的回答，“潜水”只会自欺欺人。突然想起慧能禅师的偈语：“不是风动，不是幡动，仁者心动。”继而意识到，只要心动则一切皆动，只要心在便不会失联。

因为失联，所以时间不在；因为时间消失，所以失联。其实，失联也好，失时也罢，既不能常有，亦不能常在，但唯有善于洞见时空转换的人方能握生机。为此，回顾逝去的日月，我亦不断地在日记中总结得失，尝试突围。然而，在时空转换的三维空间里，人们所能把握的也许既不是过去，也不是未来，而仅只是眼前、手边和脚下。尽管如此，我们还是应该鼓足勇气叩问未来。所以，我依然相信马云的话："梦想还是要有的，万一实现了呢？"

王欢（2013级硕士生）

寄语读罢，"平庸"一词最有共鸣。

起初对于阿伦特的"平庸之恶"我显然有所误读，我直接将之与没有个性对等，然而再深入下去才发现，对于显而易见的恶性不加限制，或是直接参与的行为，才是平庸之恶。如：赵高指鹿为马，群臣点头称是；纳粹建集中营，人们竞相应聘。这些都是典型的平庸之恶。但转而又想，什么是平庸，似乎又指盲目的追随，进而随波逐流。那么什么是恶呢？这也许要的是我们的价值观，如果我们对恶体会不出恶，那么即使陷入平庸之恶我们也不自知，如果我们将平庸视作是一种恶，那么平庸便是平庸之恶的具化，那么起初我对平庸的理解是粗浅的，但却不能说是错误的了。

不论处于什么样的时代，我们都始终可以找一万个理由说服你追随，而事实也确实如此，我们所有的选择与抉择都在一点点修正着你的方向，虽然你即使放弃你选择的权利，也有一条道路供你选择，代价却是永久的随波逐流。于是被湮没，被忽略，被忘却，然后永远的平庸，过着放水的人生。平庸与放水成为混迹学生阶段的一种显而易见的“恶”，越来越多的人来读大学，混完四年茫然地再去混人生，抑或接着混个研究生，期盼着那一纸文凭拯救自己。大学也极为配合，不断地容忍更多的人来降低品格，急匆匆地“开门迎客”，更迫不及待地“完成生产”，为平庸敞开大门，我们对此自知很久，却对此显而易见的“恶”缴械，成为顺势的推动者。这是时代的恶，也是教育之“恶”。

与此同时，任何时代都有生机。因为每个人都是自己的行为主体，而只有自己的意识才能支配自己的行动，简而言之，你也同样可以找一万个理由去坚守你的信仰，在同样的大小时代里，过不一样的人生！那么静静思量，什么是我生命中的恶？结论正是老师反复提到的平庸。较之去年的彷徨与逃避，我终于清醒，要摒弃做一个平庸之人的舒适感，就如同想自己是舒适着胖下去还是苛刻地瘦下来之间的选择。然而这是一个悖论，只要你不瘦，你永远无法舒适，只要你胖着就永远苦恼，不过是你想把这烦恼提前终结或推迟结束而已。

所以此刻终于下定决心，先努力做一个U盘式的人，尽心尽力，不可代替。

李宁（2013级硕士生）

美好的经历总是短暂，追寻的步伐又如此复杂。期末季，校园里弥漫着紧张的气氛，一学期又不见了。有人慨叹，时间如果重来……

叔本华说：“人生无法避免死亡和空虚。生存之余之所以空虚，是因为生命的全部形式中，时间和空间都是无限的，而个体拥有的却极其有限，世上本没有常驻的东西，一切都在不停地变化、流转。”生命是短暂的，精力是有限的。把生命耗费在迷茫中，是最大的浪费。时间无声无息地溜走，不是只有苍老才能证明。如果找不到自己，在时间的磨砺中不能感悟生命的真实，那岁月只会给我们留下年龄和皱纹，并未让一个人变得成熟。感叹之余，该做的总是来不及。时间又是相对的，既然无法把控外界，为何不对自己下手呢？珍惜点滴，用心做好每件事，不偏执于不可得之事，即便结果不尽如人意，也大可无悔矣。生命的意义在于找到自我，实现自我，才能做到无我。到了无我的境界，时间便成了静止，无谓长短，刹那成就永恒。

承诺无用，唯有行动起来——不犹豫、不退却，坚持单纯的梦想，努力求索，精进不舍，无悔结果。

李雪（2013级硕士生）

老师，您常说，“教育者常常忙于教育别人，却忘了教育自己”，从前，我一直以为它只是一句调侃的话，或是一个具有讽刺意味的玩笑，现在仔细一想，果然如此。“别人”和“自己”原本就是一对矛盾体，不然也不会与“成全”和“牺牲”产生任何瓜葛。

期待2015，所有经历过的、正在经历的，或者即将经历的，一切都能像狂风骤雨一般，历经一场，旧迹斑斑。

俗话说，“山不过来，我就过去”，生活中，我们始终是鲜活的生命个体，没有人布下天罗地网追捕我们，也没有人会用严刑拷打来逼我们招供，更没有人试图置我们于死地，我们之所以会战战兢兢、诚惶诚恐，实则我们内心不够强大，脚步不够坚定。

钟表确实可以回到起点，但却已不是昨天。

查文静（2014级博士生）

“吾日三省吾身”，按此推想，一年“省吾身”“一千次”也不为过。尤其新旧交接，日历从“1”开始翻过的瞬间，蓦然心惊，在自省或“被”自省的过程中，或多或少令人增添了一些“往者不可谏，来者犹可追”的自勉心态。

眼见或者耳闻“新的一年重新开始”“抛弃过去不成熟自我”“一定要多读书”甚至“今年要减肥十斤”之类的愿望，总会令人振奋。各人怀揣不同愿望，但目的地不约而同：总之，是奔着更好的生活而去。然而，吾师告诫，须知收获必得耕耘，并且是“狠狠地”耕耘。然而，人性常常怠懒。多有人做着轻轻松松过舒服日子的迷梦，却少有人愿意勤勤恳恳为踏实日子而努力。尤其在教育学学科领域，勤勤恳恳做学问，过程总是漫长，显效通常遥远。“幸运”的是，科技大爆炸时代，我们都拥有机器猫的任意门，可以轻松通达学术的种种“捷径”。于是，东抄西扯“做”学问甚至通篇“引用”的情况甚嚣尘上。

时间审判一切。时间流逝，虚无与浅薄无所遁形，存在与深刻不言自明。现在看起来“繁花似锦”的现象，终将成为过眼云烟。而人类文明史上那些先贤智者们，其灵魂思想穿越千年而来，依然给养着我们的心灵。就如孔子所说“发愤忘食，乐以忘忧，不知老之将至”那样，在发愤的过程中，猛一回头两鬓已经染上风霜……不得不说，这是一种不易抵达的境界；而荒废到老，才猛然想要发愤，不过是一种被动的找补。应该选择什么，我们心中了然，但愿目下不再蒙尘，但愿不被自己阻挡住自己的前行。

张志贤（2013级博士生，台湾桃园县大园乡公所民政课课长）

有段子说得好：新年愿望期许2015年的计划竟是完成2014年的承诺希望可以实践2013年的目标搞定2012年的未完成事项。

生若随流恐被嘲。经董老演绎后的“失联”二字，有如千斤重锤，重击在我身上，但可笑的就是我这种给自己借口的学生，可悲的也是我这种怠惰的徒儿，正对应了老师所指——给自己的平庸找理由。字里行间的鞭策，真是亘古难寻的善诱策略，真是为难您了。

志贤现在身处于世界知名德国最古老的大学广场中，听着诗人歌德当年的赞叹：“将心遗失在这里”……感受这里孕育超出十位诺贝尔奖得主的灵气，也再次向您保证志贤一定跟得上今年的论文开题，更期许能于2016年完成论文。台湾作家三毛说：读书多了，容颜自然改变，许多时候，自己可能以为许多看过的书籍都成过眼烟云，不复记忆，其实它们仍是潜在气质里、在谈吐上、在胸襟的无涯，当然也可能显露在生活和文字中。日本宫崎骏也说：做你没做过的事情叫成长，做你不愿意做的事情叫改变，做你不敢做的事情叫突破。

当下学生在海德堡大学广场前为自己下定决心：愿意读更多的书来改变自己，在老师的捶打下突破自己，回应您的敦促，也感谢您的宽容与体谅。

周宏（2013届博士毕业生，云南大学高等教育研究院教师）

世界不是谁的，“现今”和“世道”却是着实“在”着的，无论是有幸遇上，还是遵循安排，必是要踏踏实实过一遭的，别无选择，也是最好的选择。比“失联”更糟糕的是传来噩耗；精神的不“失联”，有两种可能，要么已经成熟，要么停滞不再成长。因为尚未彻悟，2014我“失联”过，2015或许还会“失联”——放心，“我”在努力回来的路上，敬请期待“我”的成长。

“好老师”首先要有对的灵魂，好的教师群体首先要有对的生活。

思想是一个人逸出的灵魂，文化是一群人溢出的生活——前提是充盈。“好老师”是他人评价中的口碑，不同评价主体有各式的内涵诉求，无论哪一种“好”，背后都要十足的自修功力。与各种“好”的契合，无论着意、刻意，还是随意、写意，都要先有“意”。

（原载《大学》2015年第1期）

2016：做个有格调的人

董云川

新年又至，继续言说还是从此打住？成为纠结的问题。

无处遁形的数码时代，信息织成天罗地网，微信及其关联的二维码不可遏制地充斥着新一代受教育群体的视野以及生存空间——上至神学玄机，下至旮旯攻略，大至宇宙未来，小至美容养生，无处不及，无所不包。海量信息浸泡之下的弟子们是否因此离智慧越来越近了？！

谋略有，机巧有，鸡汤有，大家都能轻松浏览，随意点击就唾手可得，还需要谁多嘴训诫吗？有在线MOOCs，有跨国视频，有智能遥控，随处上课，随时学习，还需要老师导引教育吗？

时代发展、社会流变，“你是谁”决定了你的生存状态，而“你到底是谁”却取决于你的认知智慧。注意，是自然本慧或觉悟之慧，不是聪明，更不是精明。尼采在《偶像的黄昏》中指出了人类的四大谬误，首当其冲的是“混淆原因和结果的谬误”。艾克·哈特托勒指出：“人类的现状是‘迷失在思考中’；智慧并非思考的产物。”愚师进一步以为：过度审视的生活很可能导向痛苦不堪的生活。“聪”与“慧”仅一步之遥；差之毫厘，谬以千里，其间的关键在于“了悟”。

毫无疑问，这是适合聪明人生活的时代，物化的指标几乎统领一切！在教育文化的生境之中，多数人时时谈论的是如何对付指标的考核，而余下的少数人念念不忘的是如何制定新的考核指标。一些人因为有指标制定权而耀武扬威，更多的人因为满足或超越了指标而津津乐道、志得意满。于是，抢抓机遇、赶超目标、争先恐后、急不可耐，是为常态！琴棋书画、闲情逸致不见了，个性学术、仙风道骨难觅其踪。有两种人成为这个时代的写照：其一，表情凝重而乐此不疲地辗转于世俗规矩之中；其二，表情漠然而义无反顾地蜷缩在方寸屏幕深处。许多人明明视线短浅，却一门心思直奔“高大上”而去。互联网+一切，看起来无限大，其实无限小。大无边、小无际，禅有云，道亦说过。而以大观小，以小见大，普通人着实很难理解到位。时间上无始无终，空间上无边无量，对此，哲学的认识超越了科学的测量，现实社会的游戏规则加上信息技术的整体进步把新一代人硬生生拽进了急功近利的系统，同时塞入了手机或电脑屏幕，极端碎片化以及过度世俗化的生活形态由此而成。许多人一边在学校或职场应景度日，一边紧握手机这个新时代的烟枪，提示音此起彼伏，切割了流畅的思绪、宁静的课堂、温馨的对话；分解了朋友聚会的快意，分散了学术聚会的论点，分化了家庭聚会的欢愉；先模糊视力，再搞坏颈椎，继而破坏社交气氛，最后无非一场“空”欢喜。

物化社会连带甄别指标，成为主流生存法则。紧随其后，“更多、更大、更高”成为成功的核心标志。然而，古谚有云：“多，还要更多，就会一无所有。”因为聪明迟早会被聪明误！历史总是惊人的相似，无端的巧合，以至于保罗·福赛尔创作于四十多年前的《格调》一书不断再版。书中所言先是在西方世界依次呈现，后又在东方社会不断被验证。其中一幅漫画描述了二十世纪五十年代美国院校常见的情形：一帮人正兴冲冲地把大门上的“College”拆换为“University”。如此场景必然让人会心一笑。而换一个角度，那些沉醉于组织权力游戏的人们，在七十年前乔治·奥威尔写作的《动物庄园》里，基本上都可以找到自己的角色和台词，能觉察者读起来必然惊出一身冷汗！

保罗·福赛尔认为，真正的格调超然于等级之外，不仅仅是有多少钱或者能挣多少钱，人的生活品位和格调决定了人们所属的社会阶层，一个人可以一夜暴富，但却不能在一夜之间改变自己的生活格调。弟子们应该知道，两千年前，在并不富足的农耕时代，人们尚且追求“六艺”或“七艺”；一千年前，穿越中世纪的重重雾障，绝美的音乐、绘画和诗歌横空出世；一百年前，在乱世浮沉之中，杰出的科学巨匠和人文大师的身影灿若星辰。此非数量之别，乃品性相差也。好在保罗同志进一步告诫说，品位和社会格调是可以培养和学习的。《格调》译者石涛指出：“如果本书能够成为一面镜子，使中国人从中可以看出每个人未来的或正在显露的鄙俗和丑陋，从而开始注意培养品位和生活格调，也许还来得及避免跌入恶俗的低级生活趣味。”

切记：经验是不可替代的，教训是经过方晓的，美感是与节奏相关的，幸福是与精神一致的。正因为如此，无论物质世界如何变幻，技术如何发达，个体如何精明，陷阱依旧遍布于每个人的生存道路之上并未消减。人类该犯的错误还是会再犯，个体该吸取的教训总不会少，先苦后甜，吃亏是福，依然是绕不开的逻辑。古圣先贤内省智慧，因而预警在前；六道凡夫外求机巧，因而身陷囹圄。

如若以量化指标度量，人与老鼠的基因差别微乎其微，人与猪的差别之小超乎我们想象。因此，拿不拿大奖不是学术成就的标志，开不开豪车不是身份的标志，穿不穿名牌不是有钱人的标志，剪不剪短发不是男女的标志，谈不谈理想不是好人与坏人的标志，声音大小不是信心的标志。如果这个世界都以指标论英雄的话，许多人的确可以在世俗纷争里活得风生水起、有模有样，但本质上无异于乔治·奥威尔笔下每天高呼着不同口号的那群猪。

数码网罗天下，但海量信息与智慧无关，色即是空。图书馆藏书无限，与个人领受的学识无关，不增不减。无论存储量有多大，U盘还是U盘，电脑还是电脑，人脑还是人脑。榆木脑袋不会因为扩充内存而改变性质，愚蠢的大脑不会因为长得更大而变得聪明，聪明的脑袋不会因更加聪明而减少烦恼，唯有觉悟者可以突围：为可为、为无为、无不为。马祖磨砖，始终无法成佛（禅宗公案）。那么，宅进手机，又岂能变成智者？

被要求、被安排、被裹挟，大家一路跌跌撞撞、情愿或不情愿地滑进了2016年。有人问：假如有一只猫跟在你后面，是凶还是吉呢？正确的回答是：要看你是人还是老鼠！

放弃数量的攀比吧！教育如此，个人概莫能外。日子还要接着过下去，在人人可以乔装打扮、外着名牌内整面容的时代，精神气质的追求和自然流露才成为“贵气”的关键。别的不说，至少在精神方面的追求和表现，是人人平等而大家均可以企及的！

做个有格调的人吧！利用难得的大学时光，积蓄涵养和品位，修炼质感和骨气。老腊肉的预告听不听没关系，面向未来，一定要目光炯炯，神采奕奕！

2016及其后，还是“主要看气质”！

刘永存（2007届硕士、2010届博士毕业生，湖北第二师范学院教育学院副院长）

董老的寄语使我联想到十一年前看到的另一头猪的故事：

一头非常聪明、灵光的猪紧邻着一个村庄住着，并且饱尝“幸福”之味。它已经了解了人类的生活习惯和起居规律——知道人类何时起床，何时守护菜地。因此，每次去农民地里偷菜，没有一次不成功。村里的农民想尽了各种办法，都无法与猪抗衡，也无法逮住它。就在村子里的农民感到绝望、猪为自己的聪明才智沾沾自喜时，村里有位年轻人想到了一个好主意并向村长请求由他来处理这件事情。前提是拿出一片菜地来做牺牲。村长召集村民讨论后，同意并授权年轻人实施他的计划。他每天让村民们不规则地出没在其他菜地里，就留下这块菜地放松警惕，让其处于安全状态。猪每次进攻其他菜地时，总感知到危险的存在，唯独在这块菜地里，觉得自己还是那样如鱼得水和得意扬扬。这位年轻人在猪每次出没这块菜地后，在周边插上一块厚实的木板子。猪一直在关注着来自人的威胁，根本没有察觉菜地周围发生的点滴变化。终于有一天，它在菜地饱餐一顿后，年轻人过去轻轻地围上最后一块宽实的木板子，猪就被关在里面了。

其时，我正在读硕士，享受人生中难得的清闲——从教十年，受够了备课、迎检、竞争、考核之苦，终于可以静下脚步，体会这难得的思考之乐。昆明暖暖的冬阳洒满整个身体，心里也是暖暖的，但还是忍不住爆出一句粗口：娘的，这故事编得真好！

故事看完，时间推移，慢慢也就忘了。后又读博，进大学，教书，不觉六年。

岁末最后一天，导师开启每年的反思与展望。这才猛然警醒，我已经很久没有反思自己的生活了：六年来，为了生活，教书、做所谓的研究、写文章，上班、下班，我好像觉得现在所过的一切都是正常的，都是应该的——生活原本就是这样子，菜米油盐酱醋茶，粉笔幻灯和调查。

夜深人静，我回忆起那些在云大度过的惬意日子：成立“我的大学”论坛，凭着年轻的激情指点大学应该如何；为了完成调查论文去“洗楼”“洗图书馆”，捧着问卷，一间一间宿舍敲，一个同学一个同学问；为了了解社会和同学一起去做义工；暑假，利用业余时间参加民众剧场种子教师培训，接触先进的教育理念和社会服务理念……

记忆里一幅幅画面掠过，恍如昨日。这些让人怦然的画面记载着一个人曾经多么向往有格调的生活、有意境的生活、能够自主选择的生活，像马克思所说的那种“在那里，每个人的自由发展是一切人的自由发展的条件”。然而，这一切却又显得那么遥远，远到我已无法触及。

忽然间，开篇阅读过的故事就蹦回了脑海。六年来，一张无形的网就像这个“猪圈”一样，让这些向往和美好都消逝在那些课时量、科研工作量、纵向项目、横向项目、经费到账数量中。

体制是个很奇怪的东西。一旦钻进去，你就发现有很多好处，有体制外无法想到的既得利益——不用担心明天失业，不用担心老板会让你明天走人，不用担心明天单位倒闭。与那些编外人员比起来，好处多到让你梦里都想笑——终于可以轻松过一辈子了。当然与此同时，无形的手也从四面八方伸来，一些攥紧你的双臂，一些拉长你的双腿，另一些差不多要去扼住你的喉咙。

更残酷的是，体制更多地是让你顺从，让你不要思考，而要听从安排。一开始你有些抵制，你要去思考，你想去呐喊，你想去保持自己曾经的梦想和对格调生活的向往——一种意志上的坚韧和精神上的自由呼吸，而不仅仅是喝咖啡和穿名牌。慢慢，你发现，光是抵御指标的侵袭就足以耗尽你的平生精力，于是，慢慢你接受这种“养着”的状态，慢慢，你的意志开始消磨，慢慢，你对外部环境失去敏锐，感觉钝化。“慢慢，我们没有感觉。”

“起初你讨厌它，然后你逐渐习惯它，足够的时间后你开始依赖它，这就是体制化。”《肖申克的救赎》对体制的解读是我迄今为止读到的最好注释。

如何从平庸的、无聊的、纠缠不清的日常生活中突围，考验着每个人的智慧与韧性，只有那些不放弃对美好生活自主追求的人才配得到格调生活吧。2016，我们都需要反思：自己正处于“猪圈”中吗？该如何突破“猪圈”的困顿，朝向格调的生活？

张志贤（2013级博士生，台湾桃园县大园乡公所民政课原课长）

曾听过一个故事，描述某探险家在热带雨林中，面临险恶环境直到濒临绝境，依然每天坚持刮胡子，因为他认为环境不可控，目标也未必能达到，当下能约束的唯有自己。

2015我实现了大蜕变，在历经11555天的公职生涯、在尚有更高的职场机遇唾手可得之时果断选择了离开。原因之一来自于董老的当头棒喝，使我下决心立地觉悟并选择脱离“持续装憨”的情境，努力避免落入“真憨”的窘境。“格调”靠自己追寻，但首先必须从既有的框架中突围。在一个激情稀少的工作环境中花费了精力和时间，绩效指标对我们来讲都是敷衍了事，组织充满本末倒置的工作低迷情绪，缺少新思维的刺激，职场上这种指针、数据文化，我想不知已经毁了多少知名企业，接下来医院、大学、政府也都将遭受其荼毒，台湾如是，大陆呢？因此我选择改变自己，在余下的生命历程中创建属于我自己的“格调”空间。

2016是我专心学业的艰辛之年，博士学位论文开题之后需要更深钻研，挑战迎面而来。美国前总统克林顿以高尔夫球运动比拟人生，他认为这是一种与自己竞争的运动，不管对手强弱，球场上永远的敌人正是自我；个人修为越好，竞技表现通常也会变得更棒，从而获致突破性成就。于是，知天命之年，我选择尾随董老而入，争取做一个有味道的老男人、有品位的老腊肉，认真完成博士论文的撰写．追逐果岭上的小白球，吹奏有厚度的萨克斯风，接下来的日子，我的人生方格将充实无比！

宋亚萍（2014级硕士生）

曾几何时，人们还在痴迷于QQ龄的增长，收获几个太阳月亮，以此作为得意的资本。时过境迁，谁人还提那“陈年往事”，微信、易信迅速一手遮天。

福禄贝尔说："葡萄藤应当被修剪，但修剪本身不会给葡萄藤带来葡萄。"纷繁名目，海量信息，看得我们无不眼花缭乱；微商的强大，商品的买卖，无不令人身心俱疲；往日清净的"朋友圈"，如今成了众友争先恐后晒病、伤、男女友、孩子、事业、旅游、吃食等的晾晒场、竞技场，且大有"道高一尺魔高一丈"之势，唯恐他人不知自己近来走了好运、倒了大霉、参加了聚会……时间消耗其间，以至于如今的我们很少为一幅字而着迷，不容易面对好书而心生欢喜，更不会像章诒和在《往事并不如烟》一书中写到康有为的女儿康同璧母女的生活时，说即使在"文革"那样艰难的日子中，她们还是要按照老礼为章家送来一小盆长满花蕾的水仙。

我们错过的，根本不止美景；辜负的，也根本不止青春。

当然，这一切又该怪罪于谁呢？其实说到底，错的不是技术的发达与普及，而是人们自身对工具的过分依赖，不仅仅是秦法严苛导致的秦国灭亡，更不是孔夫子的"仁爱"之心葬送了封建制，亦不是夏日性骚扰率居高就要怪罪于穿着暴露的女性，更不是原子弹给世界带来了威胁与伤害就应该问罪于爱因斯坦。

张琪仁（2012届硕士毕业、在读博士生，云南大学高等教育研究院教师）

1999年，我上初一，那一年，没有比注册一个QQ、取了个酷炫的网名更值得向同学炫耀的事了。那是第一次，一个虚拟存在超越所有看得到、摸得着的实物，成为我们生活中最牛掰的"社会互动符号"。后来的后来，大家都知道，当年听起来特别不靠谱的"互联网会成为一种生活方式"真的不知不觉就完成了它"会成为"的整个过程，并且成为得很彻底，成为得很深入。

我不太喜欢用任何带有感情色彩的词汇去前缀这个“过程”，因为我始终相信有一种力量——无论你用悲愤的背影还是欢喜的正脸来面对它，它都兀自生长，这个力量，叫作历史。所以，我一直觉得，好多事物，当介入时间这个介质去审视时，理解、态度、看法都会不一样。我并不认为互联网破坏了我们原本该有的世界，因为那个世界从来没有存在过，反过来说，我也不认为在“足不出户、知晓天下”的资讯扁平时代，我们就比以往的任何时代都更懂这个世界了，这是一个极度辩证的命题。

我们确实在这个时代距离这个世界上分分秒秒发生的故事都更快更近了——章子怡麻醉还没缓过来，我们就知道她在哪个医院哪个产房生了个孩子几斤几两是男是女；我们也离这个世界越来越远——在章子怡生孩子的那一秒，这个世界上还有比这更影响人类进程的若干件事在同时发生，而那些事件，大多数人，是不知道的。资讯的自然属性就是这样，关注度高的资讯会裹挟着不断累加的关注度噌噌往上游把关注度低的资讯淹没下去。在资讯急速代谢的时代，靠“资讯”吃饭的媒体要做的事情就是以光速追赶这个代谢的过程，于是，有了一个魔性的生态系统——“眼球经济”。所以，冷静地想想，我们没有被互联网夺走什么，互联网也并没有让我们更懂这个世界。

可这又怎样？就好比在这年头，好多人忙着计划，转眼年末，又掰着指头总结，但谁能说，一年一年，真的每年比起上一年都相当特别非常不一样？

其实，时间以越短的计量单位进行切割，我们就越难感受、观察出所谓的变化。每天的热门新闻有那么多新鲜事，一天一天，真就百转千回、斗转星移了吗？事实是，大多数如我一样的普通人，2016年的头七天，生活并没有1号、2号、3号……而只是第一个1号、第二个1号、第三个1号……可这不正让人觉得踏实吗？当我们专注于要做的事而不是要引起的变化时，只有开始和已完成，没有零点的钟声。当我们不再以一种神圣、庄严、自我悲壮化的心态满眼热泪地面对生活与要来的世界时，才是真正能够与它和平相处并享受innerpeace的时刻，而教育或者受教育，不就是我们平凡日子里的一种生活方式么！日积月累、岁月成歌，这些平凡日子里日复一日的专注终究在某一时、某一刻以“完成使命”的仪式感撬动生活真正的“变化”！

黄湘超（2014级硕士生）

新年伊始，无论是怅然若失，还是踌躇满志，毋庸置疑的是我们的生活方式已被悄然改变。不知不觉中，我们习惯了视线水平向下四十五度或是更多，习惯了指尖上下左右五厘米的游走。对于许多人而言，或许指尖在手机屏幕方寸间游走的距离，甚至超过了双脚行走的路程。不经意间我们的时间与记忆也在被它慢慢吞噬，然而，又有谁会去计算它呢？

究竟何时，我竟这般无趣？我们关注的信息越来越多，可能够静心下来思索的事情却越来越少了。时代的巨变，给我们带来的究竟是“福音”还是“噪声”呢？或许是过于害怕错过、担心迷失、唯恐无知，由此，我们变得更加善于接收信息，巧于处理事物，功于迎合他人。殊不知，正当我们忙于这些貌似关键重要的他人、事物与信息的时候，却往往疲惫了身心，扰乱了心境，掩埋了心声以至于失去了自我。而那些自诩为头脑灵活、性格乖巧、外表光鲜、举止合群的我们，俨然成了时代巨变下的“小绵羊”。

然而，在这个物化与量化的时代里，效率胜于闲情，悠闲常被标榜为“无所事事”；指标掩盖本质，自我常常被任务所裹挟，自由也常被人事物所吞噬。若我们继续用信息来取代希望，以鸡汤来填补无知，用谋略来抹杀时间，那么在这个“主要看气质”的时代里，所谓的格调就遥不可及。

我相信，无论天地人事如何变幻，在物化与量化、速生与速朽之间，那些旋转的万花筒，有一个稳固而坚定的内核，它们即使历经时间的淬炼，依旧会散发出灼灼的光芒：那就是我们对于深刻多元思想的向往，优质稀缺信息的需要，温暖情怀的期许，以及自然精神气质之追求。

查文静（2014级博士生）

2015年，一篇温情脉脉的鸡汤报道刷爆了朋友圈，正能量满格，众多网友转载，赚取了许许多多的眼泪。然而，时值年末，那篇文章又再次上了热搜榜，原因竟因为它是假新闻！当心灵鸡汤真假难辨，其善意温情渐渐让人腻味的时候，与心灵鸡汤唱反调的心灵砒霜异军突起，大受追捧。例如，“一场说走就走的旅行归来后，除了本来就少的钱变得更少，该做的事情拖延得更久，什么都没有改变”；“上帝为你关上了一扇门，还会给你加上一把锁”之类。心灵鸡汤温暖向上，心灵砒霜略显毒舌更接地气。细细一想，各自都有几分道理。怀揣五百万和五百块的人，对于“一场说走就走的旅行”一定有不同的考量。真可谓“甲之鸡汤，乙之砒霜”。那么，当我们浸泡在这个世界海量的信息流中，到底该取哪一瓢饮？孔子鼓励犹豫不决的冉有果断行事，劝诫争强好胜的子路三思而行。每个人，无论是教育别人还是自我教育，都不应当随波逐流人云亦云，而要努力明心见性，保存真善美，摒弃假丑恶，在此基础上做出适合自己的抉择。如此，心灵鸡汤也好，心灵砒霜也罢，都难以荼毒心灵，而只会使心智更加澄澈。

周宏（2013届博士毕业生，云南大学高等教育研究院教师）

气质是一个人逸出的品性，格调是一群人溢出的品位。气质和格调若非浑然天成而是刻意求取就难免落得笑话。气质在眼角、眉梢，却是品性充盈后的飞逸；格调在用度、举止，却是品位积涨后的满溢。刻意的格调往往一不留神就现了俗套的原形。

格调是格局与水准的完美耦合。格局为格调提供一个可靠的依托基座，水准对格调的意义在于超脱平庸的层次托举。保罗·福塞尔表面围绕格调的言说，实则始终折射着“社会等级”的深意。

曾经认同这样的说法：学历是铜牌，能力是银牌，人脉是金牌，思维方式是王牌。之后终于后知后觉地吃味起来：这鸡汤是善意的隐讳还是故意的诱引，抑或不求甚解的情感传销？于是，心中笃定地在后面加上一句“家庭出身是底牌！”自忖不是出身决定论者，但不得不承认家庭出身虽然并不决定人生格局的广度和生活格调的高度，但是却决定着不同人达到同样境地、获致同等水平的内力消耗程度。所以，加油吧，各种“二代”与“非二代”，因为培养一个贵族至少需要三代。

做学术也是要讲格调的，学术的格局和水准会体现出不同的成色。尤其人文社科领域的学人，有没有“为天地立心，为生民立命，为往圣继绝学，为万世开太平”的正义襟怀，有没有“不为五斗米折腰”的节操持守？在量化的科研管理机制中、在作威作福的指标体系下，可不能自乱了阵脚。

张樱凡（2015级硕士生）

时间指向2016，研究生生涯也走过六分之一，回想这半年的学习及生活，与自己的期望大相径庭。在时间与人潮的挟持下，越来越难以坚守属于自己的那份“独一无二”。事与愿违，通常不是因为运气不好，而是因为想得多却做得少。人人都希望成为人群中的那个“例外”，然而，能够坚持自我、不随大流之人实则甚少。

反观教育，又何尝不是如此？教育需要培养“自由”人，而越来越多的人浪荡在名与利之中；美育渴望“以美启真，以美处善”，而越来越多的人只在意“颜值”担当，却忘了内在涵养；学习讲求积累与反思，而“万能”模板与速成法则却充斥校园……

认识自我、回归自我、反观自我，教育需如此，做人亦如此。一直以来，无论学习还是考试，都希望能从老师和前辈身上得到“经验”，实际上是希望寻求捷径，以便更快地达成目标。然而，在经历了一些事情之后才发现，该自己走的路一步也不能少，经历过后，方能成长。

2016及以后，做自己想做的事，坚守本分，持守个性，喜乐豁达，随缘而不随流。

李雪（2013级硕士生）

老师，弟子愚钝，不太懂“格调”二字，虽不时听您念叨，提起那书、那人，下来尽管也做了一些功课，但还是无法领会其中深意，尤其在睁眼看世界的时候，乱花渐入，扑朔迷离，以致是非混淆，真伪难辨，不免看得眼瞎、心伤而泪潸潸。

前几日的一个早晨，我去搭车，看到天桥下坐着一位衣衫褴褛的老者，手中捧着几张字迹已被雨水模糊了的报纸，操着令人费解的乡音在小声地、仔细地读着，在他旁边躺着四五条羸弱的流浪狗，眼睛忽睁忽闭，像是虚弱得很。我刚想经过，老者略微起身，慢慢腾腾从兜里掏出一个白色的东西，往嘴里一放，又拿了出来，看看地上的狗，再细条似的分开喂给它们。我走上前，识得他手中拿的是馒头，表面都污秽了，他却还在你一口我一口地与“他人”分享。见此情景，我不禁感慨，士子们所谓的“穷则独善其身，达则兼济天下”是否也与此相背离？

我想做人要有格调，想必也是和境地、品质、情操、修养等有所牵连。自然，悠然自得不失为一种怡情的追求，饮酒作画也颇有几分仙气，但前提是，个人选择既是如此，哪怕穷困潦倒，命悬一线，也不怨天、不尤人。眼下我所看到的，好似与这些全无关联，只因遵从本心，不为世俗所累，不为生计发愁，更不为人生苦甜，超然物外，悲天悯人，率性而为，方才显得弥足珍贵，令人为之一震。

“土豪”的世界与“格调”该是丝毫不沾边的吧？想必谁都想安分守己、有尊严、有品质地活着，但现实不一定允许，它偏要用标尺、偏要戴上有色眼镜来衡量众多个体的所作和所为。于是，面对权威，我们学会了忍让、谦卑、不辞劳苦；面对名利，我们变得势利、市侩、勾心斗角；面对金钱，我们难忍诱惑、贪欲，几近失控。殊不知，可怜的人儿早已变得面目全非，蝇营狗苟，世上左不过又多添了些成熟老练、精明能干、老于世故之人。可回过头来看，现实并未完全捆绑众生，可以有些许的选择权，但它却会使尽手段逼你就范。它要么以惊人的说服力压得众人臣服于脚下，要么设置重重障碍磕得你头破血流，跪地求饶……

“我的日子滴在时间的流里，没有声音，也没有影子。”过去的很多年，虽身在洁净的校园，立志清心寡欲，但为了应对无数次大大小小的考试，几近变得麻木不仁，所看之书，所做之文，所发之言，所思所想，所感所悟，无一不是为了考评考核和甄别选拔。现如今，虽比往常多了些自由和选择，但社会又向我们发出信号，暗示我们要懂竞争、拉资源、恋金钱、附权力、挣地位、赢声望……仿佛这才刚出一个笼子，继而又被送进另外一个笼子。这进退之余，总有无数个笼子等在那里。

兴许“格调”是能培养的吧，如果它是一种习惯、一种爱好的话？琴棋书画剑，诗歌茶酒花，无一样是与生俱来的；自然，“格调”也是能学习的吧，如果它是一种技能，是一种见识的话？就说“美”吧！见美生美，品美恋美，话说只要具备了发现美的眼睛，再配上精心策划的行动，趋于“格调”也不在话下。

这对“格调”才刚有点感觉，又抛出一句“主要看气质”，弄得弟子云里雾里，好生犯难。弟子虽生活在由海量信息浸泡的时代，惭愧的是，我早已选择收缩社交圈，淡出朋友圈。古人云：腹有诗书气自华，虽不能做一个有格调之人，但好在还识得几个字，趁着眼下离毕业还有几月，临时抱抱佛脚，捧一本书，泡一盏茶，与思想为友，与孤独为伴，把握最后的校园时光，看能否来得及与格调结缘。

（原载《大学》2016年第1期）

兔

下篇

當精神化入墨跡

本人自1998年起至今始终不间断唠叨“找回大学精神”，2012年秋一次演讲毕，讲坛下一位老同志站起来追问“所以然”。七日后敲门而入，递上一张大纸，上面密密麻麻是他精心誊写的本人作品言论，数千字一气呵成，纹丝不乱。观者无不啧啧称奇。此君是坚持三十余年习字不辍的笪远祥先生。

由此起念，索性再聚合身边几位高人雅士一起提笔参与玩耍，共同泼墨欢喜。自号“飞越山人”的心源法师，其墨宝1996年即在新加坡开展，近七年坚持封笔不近纸砚，以求素静。无奈交了我这样一个有点匪气的茶友，只好开笔加持，虽自谦只余五成功力，但依然禅意充盈——若隐若现的“白云山川”，博厚灵动的“学”，似有形实无形的“道”，值得玩味。

戏称“嫁入云南”的“墨雨山人”陈子久博士为愚弟亲近道友，其祖父是陈布雷之长兄、近代著名教育家陈屺怀先生。该兄生于人文世家，主业：与老外合作探索肺癌的治疗；副业：将流失海外的有缘古玩倾囊带回。忽一日，几家好友小聚陋室欣赏古筝琵琶，不知哪根弦拨了他的神经，即兴创作《高山流水赋》一篇，叠古论今，煞有品相。索性邀请秦砖汉瓦痴迷者欧阳万里贤弟提笔上阵，取一千八百年前的东汉古砖砚，泼墨挥毫而就此赋。字如其人，在万里身上，或多或少藏匿着先祖欧阳修的基因，“文脉”与“砖家”因此兼备。本赋还启封加印“滇王玉玺”，好玩！

与此同时，书画成就斐然的劳伟先生与后学一阵神侃之后也决定着墨勉励，横空寥寥数笔，一只楞楞的黑老兔迅即跃然纸上，随即，在专为本书而写就的另一作品上特别加盖了“滇王金印”发现者、著名考古学家孙太初先生在八十年代亲自篆刻的印章，据此，自号“菊翁”的劳先生在画里画外皆与愚兔结下了不解之缘。之后，再一并汇入德高望重的涂又光先生当年为晚学题写的少见真迹，北京大学陈洪捷博士的劝勉，和品正先生用象形东巴文所描绘的教育管理理念，还有书法新锐李新强、师顺兄弟的倾情演绎，最后，画家钟波采取“书画同一”的意念，取拙作之名硬生生“书写”出了愚弟的脑袋剪影，匠心独具。

至此，本人顽固的教育价值诉求加上友人生灵活现的笔墨响应，精神悄然化入墨迹，大家相互搀扶继续文化旅程，不再孤单！

作者：释心源

释文：云川大学之道

作品类型：书法

尺寸（cm）：100×50

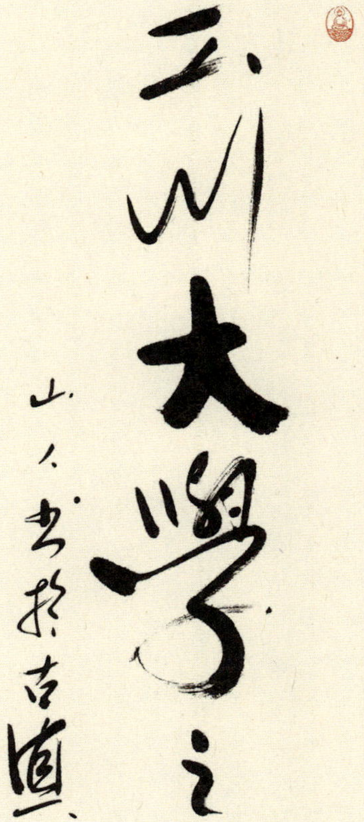
示以大学之道
山人书于古滇

作者：劳伟

作品名称：黑兔与雅菊

作品类型：国画

尺寸（cm）：51×97

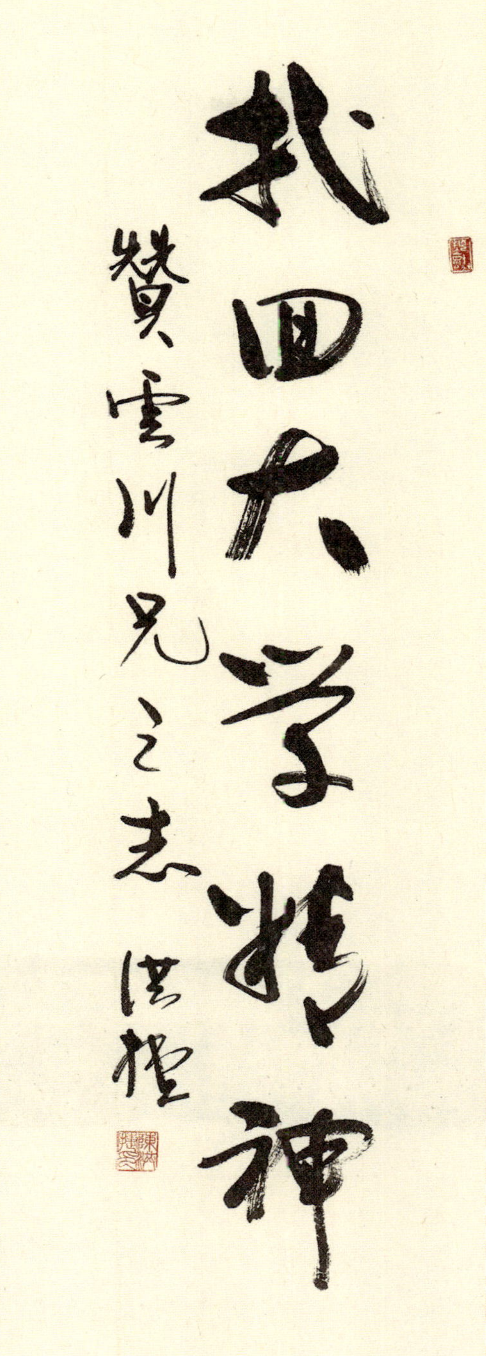

作者：陈洪捷

释文：找回大学精神

作品类型：书法

尺寸（cm）：85×39

作者：陈子久作　欧阳万里书
作品名称：高山流水赋
作品类型：书法
尺寸（cm）：240×70

本赋书写用砚
释文：万岁不败（砖侧铭刻古吉语）
藏品类型：东汉古砖改砚
尺寸（cm）：35×18×5

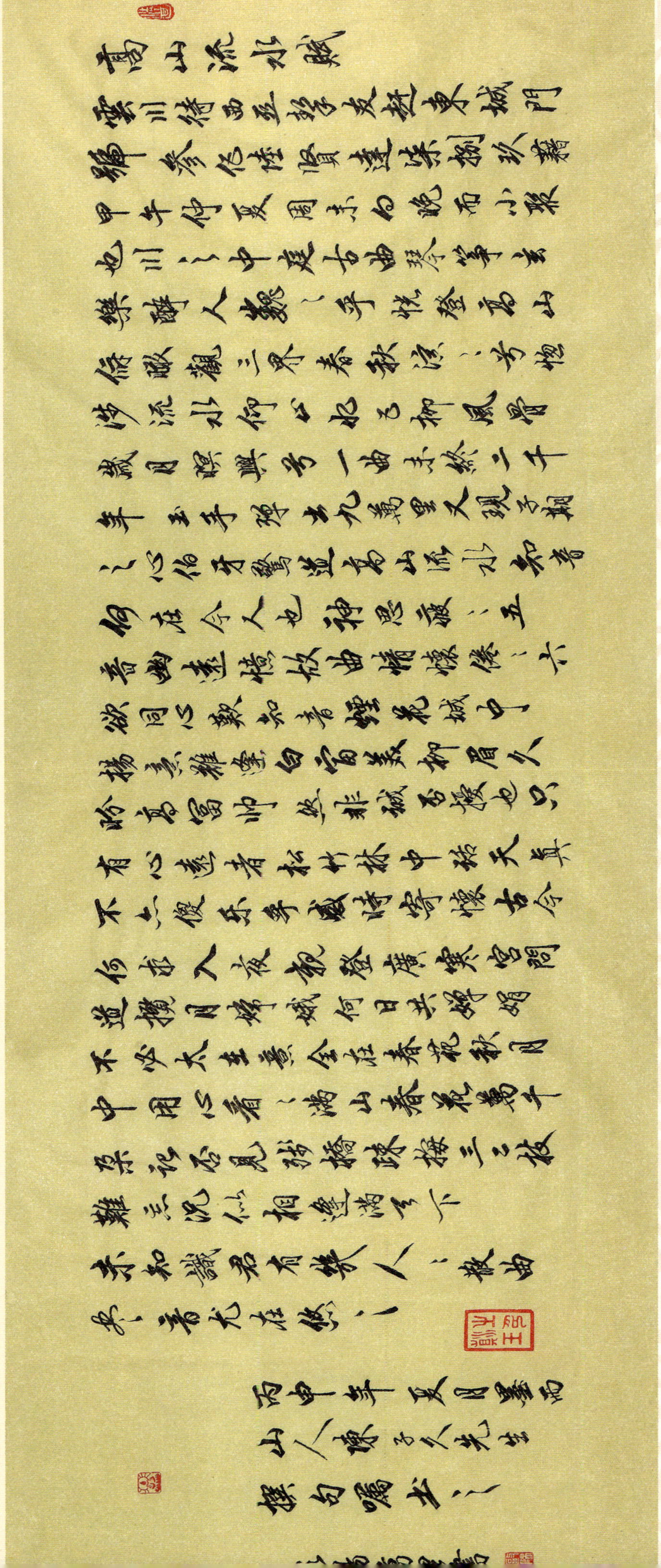
高山流水賦
丙申年夏月

作者：陈洪捷
释文：我道不孤
作品类型：书法
尺寸（cm）：95×20

作者：涂又光

释文：自然而然

作品类型：书法

尺寸（cm）：131×67

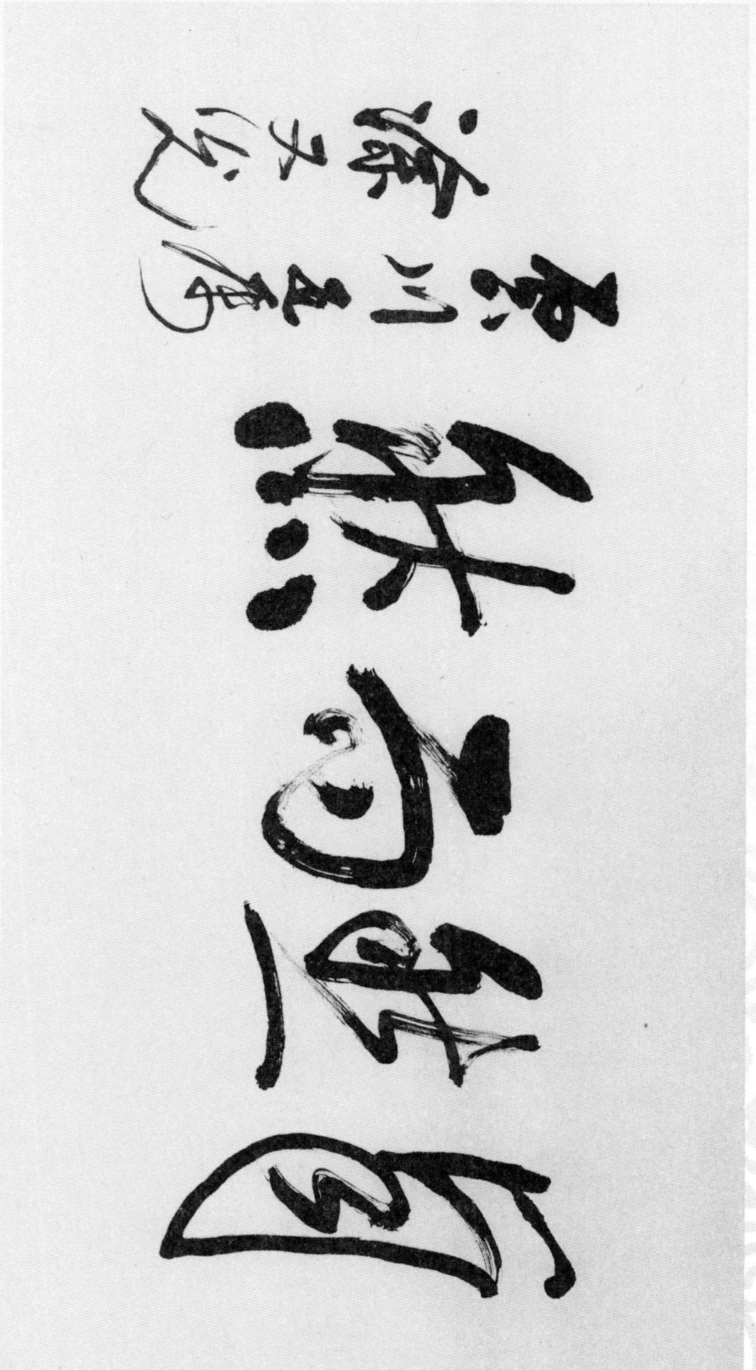

作者：劳伟

释文：不求完美　但拒绝平庸

作品类型：书法

尺寸（cm）：97×51

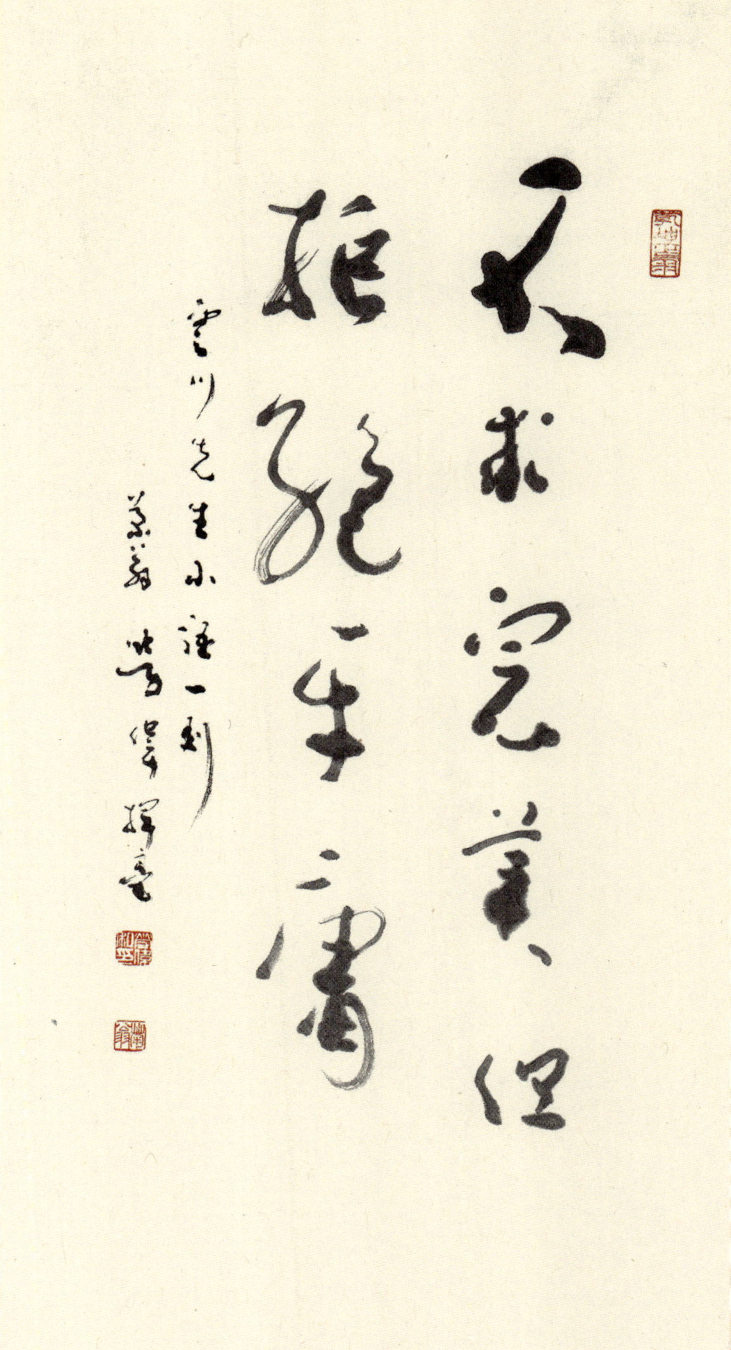

作者：欧阳万里

释文：云游三界　川流心海

作品类型：书法

尺寸（cm）：90×70

丙申年夏
萬里书之

作者：劳伟

释文：教育因周期而需要长期等待

教职因品相而需要终身坚守

作品类型：书法

尺寸（cm）：138×69

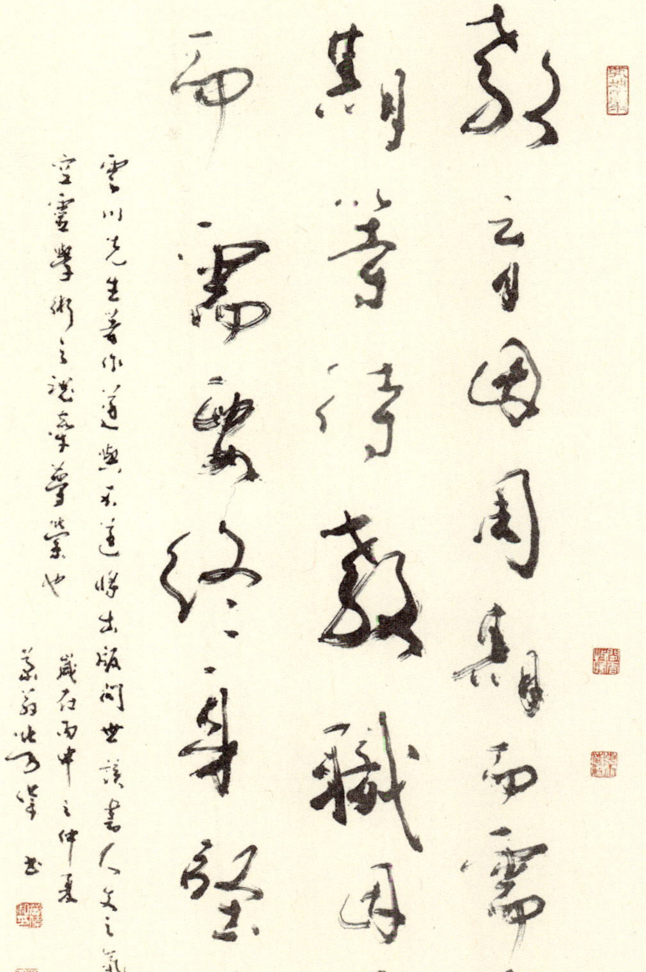

作者：钟波

释文：寻找迷失的象牙塔

作品类型：书画

尺寸（cm）：69×49

寻找迷失的象牙塔

作者：和品正

释文：无为而治

作品类型：书法

尺寸（cm）：119×33

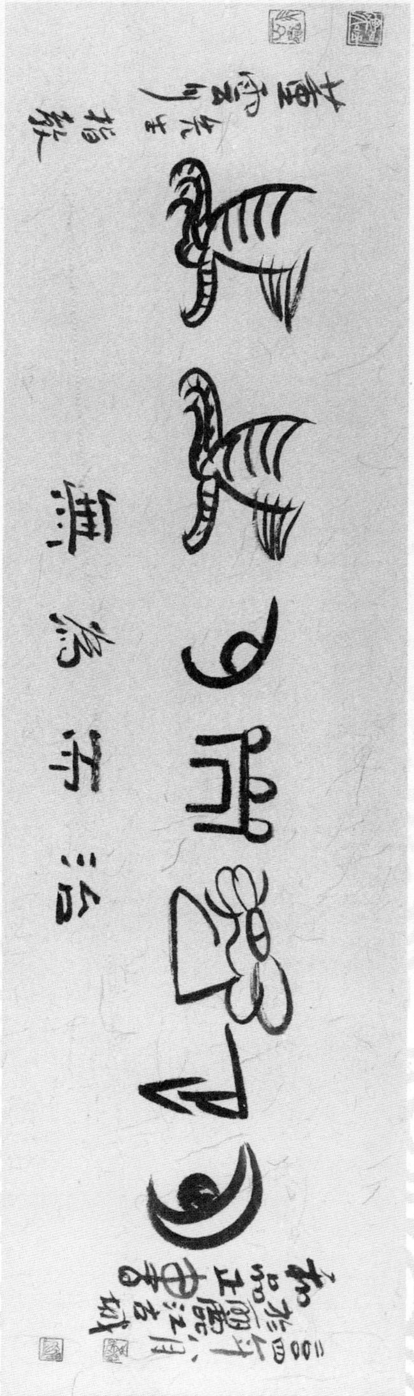

作者：李新强、师顺、杨平

释文：知道体道　自然而然

作品类型：木雕

尺寸（cm）：65×61

雲川大兄
清賞
道
自
然

作者：师顺

释文：真相

作品类型：书法

尺寸（cm）：47×38

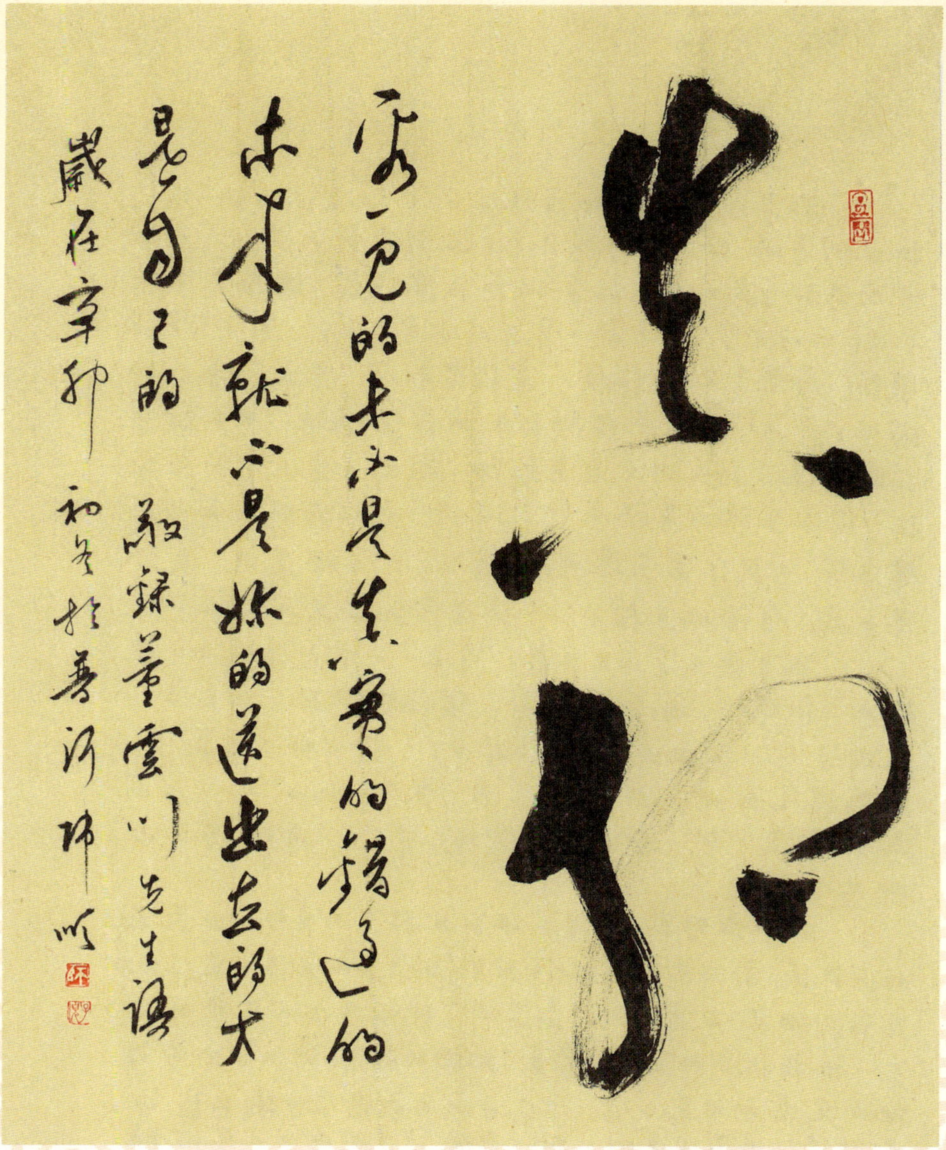
敬錄董雲川先生語
歲在辛卯

尋找遠去的象牙塔

教育理應鮮活而富於生命！但這個命題，或者說這個常識在今天卻成為了不是問題的大問題！今天的高等教育充斥著空話套話和官僚語氣，彌漫著市場氛圍，忙碌於資源錢袋，奔走於項目之間，遵循著行政邏輯，高懸著各級指標，穿梭著各種"先進"，長於知識短於文化，既無真理辯駁亦無論獨立意志，天天都在開會議，到處都在選幹部，網絡上遊走著茫茫眾生，課堂裏播放著程式化的課件，除了考試之前的突擊復習，少見伏案苦讀的莘莘學子，必修課選逃，選修課必逃，有課姑且拴不住，沒課當然不在也……

教育重在育而不在教，育者——重也，辯駁也，質疑也，批評也，會著急流淚，會捶胸頓足，會反駁，會辯解…… 現在，而今，眼目下，情形卻已大異！如若韓愈在世，於"道"、於"業"必將大"惑"！學問之途頹然而卻，專擅功名機巧，背"道"而馳騁不已，如之奈何？

在杜威那裏，教育過程就是教育的目的。在蘇格拉底那裏，未經審視的生活是不值得過的生活。這位布衣先哲不經意間運用的"產婆術"卻成為後世思想的源泉。在柏拉圖那裏，"學園"論辯的風範衍化滋生著理性的光芒和智慧。當然，中世紀以來備受爭議的象牙塔精神卻在當代中國引發了爭議。中國現代大學從體制上從未構築起象牙塔的壁壘，也就談不上堅守或者放棄對於象牙塔精神的追求。因此，中國大學的問題並非像一些同志質疑的那樣遠離社會、孤芳自賞。中國大學的症結恰恰是大學並非自我之存在，缺少獨立的品質和運行生長的自然生態，其實屬於行政體製格局的基層單位，也給社會之普通細胞和食物鏈上處於喘末之食者，完全無異於社會其他組織，甚至連於"自己是誰"都沒有權決定的狀態。在這種情形之下，根本上缺乏孤芳自賞的權利，亦無資格奢談"走出象牙塔"的問題。

"獨學而無友，則孤陋而寡聞"。本人作品《找回大學精神》在學界影響較廣，迄今已先後四次再版（2011年11月第四版）。對於大學精神的獨自尋覓難免形隻影單，寂寞呼喚之餘，時而邀約師生同仁一起研磨辯論，幾年下來所出議論方向已有二十餘題，目前忽生動念，匯集成這本《尋找迷失的象牙塔》以為呼應，有意使其成為《找回大學精神》的姊妹篇，據此進一步為關注宣揚的人士一起尋找大學要義，同時滿足一下現實所欠缺的對於高深學術的心結——雖不能至，心向往之！

對於群體的消失是思想消失的前兆，缺乏相互方的批評是人文退出的隨影，不見後揚的文采是教育萎縮的標志——當代人文還有精神嗎？教育還有理想嗎？學問還有意義嗎？在指標時代算算有一小撮人執着於身體力行非行政的、非市場的、非功利的話語方式和思想交鋒，不易，稀奇，因而彌足珍貴。如果祇有一種思想，大概也不能稱之為思想。如果祇有一種花開放，雖然繁盛，大概也不能稱之為百花齊放。本書言論從不同個體發音，而是每個有差別的個體發出來的不同的聲音，各不相同，又大體相同。相同之韻傳承自真誠之心和對於高等教育的執著追求；不同之處在於切入方式，論辯機鋒，深入程度，不一而足，不亦樂乎！其中，我祇是那些引玉的磚頭或者激起漣漪陣陣的石子。

大學精神與存在意義除了自己一個人黑燈瞎火地找，廣泛邀約同仁，集合師生煞有介事，打群架式地四散而尋也不失為一種選擇，比較好玩一些兒。呼籲尋找的人一多了，找回來的幾率肯定更大些！

眼看著身邊一批批弟子戴著博士帽四散而去，心中既甚欣慰，但無論滋味如何，總有"做教育真好"的功德感油然而生；而面對著學習成績之前以後的弟子，就行則的窘迫，就行得更加難做，就有了"做教育真累"的責任感油然而出；四顧左右，管理學者教師大家都做同樣的活計，卻有人門庭若市，有人門可羅雀，於是知道了"做教育真難"之藝術的差別！

作為研究生導師，我的功能定位就是主動搭上一個可以支撐學生前進的肩膀，或者架上一道搖搖晃晃的獨木橋，讓弟子們往來其中，各展風采，各顯神通。我時常欣喜於那些民間學子的創作者以及在博客上發表言論的青年學生——發現"草根是真正的英雄"！讚許之餘，更為擔心起他們的未來——最怕的就是這一批批本來具有英雄本色的熱血青年步入世俗之途後迅速蛻變為鵝卵石般的"大人"或者"別人"，一方面成熟了，同時有知而無識了！成為一個成熟的人以後，大都擺不了職場經典形象：裝模作樣，眉頭緊鎖，拿腔作調，表情遲滯，如若能不經意笑，大都十分勉強，即便在笑了內還是不笑——嗟乎！

本書論壇對話參與師生五十人——，先後發生於過去三年，議題涉及大學理想、學術生態、師生關係、學術倫理、教育質量、教育人生、科研困境、課堂教學、人才評價、心理健康、質量評估、教育危機、教育創新以及成長糾結等多個方面，旨在為刻板、程式化，以及了無生機的當代中國高等教育（形式上甚為相當熱鬧）提供一個鮮活的話語例證，隨意滙集濃縮以構成時代高等教育真相之一隅。

有朋友精闢地指出：歷史與小說的最大區別在於——歷史人物都是真的，事件有時卻是假的；小說人物都是假的，但故事都是真實的。本書言論之發生，場景都是虛擬的，但所思所想都是真的！

命運坎坷的中國大學啊！話鋒多接辯精義，豪且顯絕靈神跡！教育原本鮮活，并非刻板如今！近日又聞朋友所鑒：教育本質無非"學懂，懂學"四個字，先"學懂"，再"懂學"！我以為精闢之至并立即附合延展——不刻苦，則"學不懂"；不靈活，則"不懂學"；換言之——，大凡"學不懂"的人往往是在求學問道過程中沒有刻苦到位，於心於力均不夠投入；大凡"不懂學"的人常常是在社會生活中難以找到知識轉化和技術應用的契機或節點，於神於體難免少了些許靈悟。

2012，於我而言，雖已近"知天命"之齡，但乃將剛顯示一種豪情態，惟不參加各種行政會議時表情顯得莊嚴些（其實骨子裡仍舊頑童）。最近回想自己的名字由來及經歷事項，不覺有些靈驗，好笑好玩。父母命名之初，無非「雲」字の「川」整合喜因而已。大約是在上一個本命年36歲前後有些法家欲贈字於我，其時正當脫離行政專心學術之轉換期，於是將個人理想題寫為"雲山川盡自然"一幅，似有些許出世豪情有行路作。前幾日又遇見一位所謂知悉易數指算的先生，開口解釋為"雲者，說也；川者，達也"，似乎有些道理，看來是名字決定了我の屬演講對時還未被轉之行的運道。去年再逢48本命，又有陶藝大師要贈我原創作品一件，要我自己擬名內容，當即隨手寫了"雲遊三界，川納心海"一偈，似夢似真。"雲遊"是性情使然，"三界"乃兼容心胸。上句是主觀志向表達，屬實與否無關緊要，二句是客觀效果估量，"川納"就言過其實了，而別人的"心海"何其寬廣，能夠游遍就不錯了。無非吹牛不打草稿啊！即便如此，還是希望在未來若干歲月之際的一瞬，以及釋迦摩尼的呼吸之間，真正以在前為學生，攜手同仁以及結緣親友心田留下滴水之潤，也就此生無憾了！

反求諸己，於人於事，我一貫倡議師友前身體力行"不求完美但拒絕平庸"之信條。而且，本人始終自認是個積極而樂觀的人，同時也認定世界可以"享有"而不能"占有"。由於勢單而力薄，所以必甘願服從了世界的去向歸屬大概於己無關（當然會與其他一些話語權大的仁人志士相關），個人的一生祇能做極有限的事情，大凡"有為"，其實非常"有限"。因此，就固執己見，堅持以短小志向為己任，祇想靜心象牙塔爬格子，寫小字，方或許來神聊一番。無論行文言語，行動追求，好玩好耍，活得真實，自由自在！此回翻騰整理筆談及各篇對話文稿，神思紛亂迷離，總難或實難以言狀。斗轉星移，物是人非，時光難以留住繁盛雍容的物質，惟有文字行歸持續，地遷德漂移。字裡行間，師生促膝呼之欲出，無不體現論辯對話當初之言行生動，機鋒靈動的記憶。

回眸教育現場，通觀全篇言辭，既非風動，亦無幡動，已然心動！

漫天飛舞的文字之中始終飄蕩著一句話：大學有消息，卻沒了故事！

癸巳之秋 逢祥敬上

跋

与教书匠职责直接关联的动作不外乎说话和写字，一天到晚好歹都得写上几个字，按部就班必须与学生交流一番，隔三岔五还要登台演讲一回，其间也少不了与同道师友理论一二。因为对学术存有敬畏并唯恐成为南郭先生，所以不得不费心伤神苦苦思索，以至于未及“聪明”却已濒“绝顶”。几年下来，居然积累起关于教育文化的心里话、悄悄话、真心话和愚痴梦话一箩筐，这些既不能归为规范论文，也无法拿去评奖晋级的小文字，居然有许多人包括教育之外的有情之众传来传去，着实让人惊诧，同时令我感恩。

本书起心动念源自友人的催促与鼓励。他们认为与其让读者四处搜寻查看，还不如自己清扫合一，以便统一把玩、集中批判。而在哪里出版、给什么人看、何时起锅出炉等一系列问题接踵而至。首先，愚决定选取个性化的装帧，所以打消了联袂“高大上”出版社的念头，就近与合作多年、具有文字筛查品位与设计默契的冯琰、马滨联手雕琢，以方便“朝令夕改”；其次，2016年4月23号世界读书日，应樊登读书会云南分会邀约为其公益事业摇旗呐喊，偶然谈及此事，师競兄弟竟一拍即合，愿意参与其中，共同为严肃阅读推波助澜；紧接着，2016年5月8日在浙江参加“高等教育创新发展与世界一流大学建设”高峰论坛，和同道学者陈洪捷博士相逢，获赠其《宣纸上的北大精神》作品集，气韵十足，当即邀约他为我书写已经炮制好的书名，由既懂教育又懂书法的陈兄落笔，同道帮衬，不亦乐乎！

机缘和合，成就了原本计划退休后再说的一本小书。

文选采编依照轻松原则以及精巧小标准；写作年代及出处均在文末标明；除个别篇名或字眼以图协调略有改动外，文句、内容、观点一概保持原作原貌；因原载书刊标注了引文出处，本书不再重复注释，谨此致谢。

虽然“应无所住而生其心”，还是要深深感恩直接间接参与、或多或少浏览过这些文字的结缘之人！

2016年8月2日